P・G・トマッシ他編

イタリアの古都 パレストリーナ
―トーマス・マンの原風景―

谷口 伊兵衛・〔訳〕

文化書房博文社

PALESTRINA
Guida Storico-Turistica

©Circolo Culturale Prenestino《R. Simeoni》, ITL · Palestrina-1991, 2002^3

日本語版序文

L・チチェルキア

　私の先祖の都市パレストリーナ、とりわけフォルトゥーナ・プリミジェニアという考え及ばないぐらい魅力的な真のパワースポットの至聖所の紹介をすることは誠に喜ばしいことです。戦後再建されてから再発見されたこの圧倒的な聖地には、頂上にコロンナ・バルベリーニ家宮殿があり、下方には清浄な通路を示唆する、くっきりと際立つ眺望の行程を両側に楽しみながら、山すそ階段伝いに昇って行くことになります。

　この古き"パワースポット"は国際的に知れ渡っており、ユネスコの推薦を受けています。本書の読者諸氏には、このガイドブックを片手に忘るべからざるこの神秘的な現場を訪ねられて、フォルトゥーナ・プリミジェニアの至聖所のもつ雰囲気に触れながら、幾世紀にも及ぶ不朽の芳香(アウラ)を感じて頂きたいと念願しております。

　本書の日本語訳が出ることをずっと切望してきましたが、遂に谷口氏の手でここに実現したことは慶賀にたえません。広く日本の読者諸兄が手に取って下さることを念じております。

［訳者注］
　パレストリーナ文献としては訳者の知る限り、ほかに次のものが存在する。
・Orazio Marucchi, *Guida archeologica della città di Palestrina, L'antica Prineste*（Roma 1932）.
・*Palestrina, Il Museo Archeologico Nazionale*（Milano, Electa 2005²）.

i

1	太陽の門
2	聖母マリア・デリ・アンジェリ広場
3	大聖堂
4	聖域
5	神殿
6	聖アントニオ教会
7	聖ロザリオ教会
8	国立博物館（マルゲリーニ広場）
9	聖十字架門
10	キュクロプス式城壁
11	聖フランチェスコ教会
12	聖マルティヌス門
13	G・ピエルルイージの家
14	バルベリーニ公園
15	太陽通り
16	神殿入り口

観光ルート
モニュメント

A Cicerchia

目　次

日本語版序文（L・チチェルキア）　　　　　　　　　　　　　i

はじめに　　　　　　　　　　　　　　　　　　　　　　　　5

往時のパレスリーナ（ガエターノ・アレッツォ）　　　　7

当初のフォルトゥーナ（幸運の女神）至聖所
　　（ロベルト・ディ・ジェッサ＆アンジェロ・ピンチ）　　41

コロンナ・バルベリーニ宮殿と考古学博物館
　　（ガエターノ・アレッツォ、アンジェロ・ピンチ＆レナータ・トマッシ・ラッツィッキア）　　53

大聖堂（ブルーノ・コアリ）　　　　　　　　　　　　　　73

パレストリーナのジョヴァンニ・ピエルルイージ
　　（ガエターノ・アレッツォ）　　　　　　　　　　　　　85

旧市街の観光ルート（ペッピーノ・トマッシ）	93
近隣地帯の観光ルート（ペッピーノ・トマッシ）	121
祝祭日とフォークロア（ペッピーノ・トマッシ）	133
便利情報（アンジェロ・ピンチ＆ペッピーノ・トマッシ）	141
訳者あとがき	149

はじめに

　本書はパレストリーナ案内の最新第三版です。この案内書がドイツ語版二つとともに、わが町の訪問者をより注意深い情報通にするのに貢献してきたことはもちろんです。

　私どもが提供したようなタイプのガイドブックが肯定的に受け入れられた結果、注目に値するパレストリーナのあらゆる局面を明らかにするためあえて行った取捨選択の妥当性も確かめられました。こういうことは、フォルトゥーナ神殿やその他の考古学的証拠が際立つ魅力をかき立て続けているような脈絡の中では、簡単でも当然というわけでもありません。

　この小さな町は壮大な一つの神殿のほかにも、あらゆる点からして中世的および近代的な痕跡を漂わせているのですが、それをより良く知ることが今や可能となっているのです。

　ですから、パレストリーナはフォルトゥーナやジョヴァンニ・ピエルルイージの町のほかにも、トゥーリストの意識の中では、すでに18世紀にモンテスキューにより称賛されてきた重要な旧市街ばかりか、ハインリヒ・マンとトーマス・マンの町ともなることが可能となっているのです。この兄弟は滞在中に、この町をイタリア民主政の生き生きした工房と見なしたり『小さな町』、あるいは、ドイツの悪魔と芸術家がごく静かに互いに折衡できる理想的な場所と回想したり（『ファウスト博士』）しました。

イタリアの古都 パレストリーナ

　こういうわけで、私どもはこの案内書を皆さんにゆだねるに当たり、パレストリーナ訪問が楽しくて有意義なものとなりますように（この町の観光文化的発達のために私どものサークルはしばらく前から具体的に取り組んでいるのですが）希望する次第です。

　1991年5月、パレストリーナにて

プラエネステ文化サークル《R・シメオーニ》代表
ピエトロ・ジュゼッペ・トマッシ

ガエターノ・アレッツォ

往時のパレストリーナ

神殿夜景

プラエネステの起源・神話

　プラエネステの偉大かつ神聖な創建は、古代世界の最重要な作家の幾人かによる神話の示唆を通して今日にまで伝承されてきましたが、このことだけでも、この町の歴史的重要性を証明するのに十分なしるしとなるでしょう。実際、その古さ、高貴な文明・宗教的伝統からして、それは地中海域の最重要な諸都市に帰属するさまざまな形のそれにも比すべき、超自然的な起源を当然主張してかまわないのです。

　ティトゥス・リウィウス（およびプロペルティウス、オウィディウス、プルタルコス）により伝えられてきた神話物語によりますと、この町の創建者はオデュッセウスと魔女キルケとの息子テレゴノスだったようです。この英雄は父親を探して出発し、ある予言を受け取ったらしいです。それによると、彼が創建することになる町で、葉っぱを頭に巻いて踊る農民たちと巡り合うのですが、しかも、ジネストロ（または"アレティヌス"）山の山裾では、トキワガシの冠を頭にかぶった農民の踊り手たちにすでに出会っていたのでした。

　別の伝承はカトーとウェルギリウスが伝えるもので、これによると、この町の創建は逆にヘファイストス（ウルカヌス）の息子カエクルスに帰せられています。カエクルスは長期にわたる略奪の後で、ジネストロ山の上に多数の敗残兵を集めて組織したらしいです。その後、カエクルスはアエネアスと闘ったのでした。この伝説はローマの起源に絡んだものとさまざまな類似を呈しており、したがって、歴史時代における二つ

の町どうしの敵対関係を象徴的に確証しているように思われます。

　三番目の神話物語（ビザンティンのステファノスとソリヌスにより伝えられたもの）は、この町の誕生をラティヌスの息子プラエネストゥス——今回もオデュッセウスとキルケとの息子——に帰しております。

　プラエネステの初期の王の一人エルルスの偉業の話もやはり神話に包まれています。彼はアイネアスの同盟者エウアンドロスと衝突して、立ち向かったらしいです。

　大方は相互にあまり両立しないこういう伝説全体から、とりわけ、オデュッセウスとアイネアス——および彼らの直系子孫——の人物像に支配された英雄時代へのそれら伝説の共通の位置づけに基くと、年代上先行しているばかりか、ローマの威厳よりも本質的に優れたそれをプラエネステ一族の側に回復する要求をすることができるのです。しかも、こういう権利回復の要求も"輝かしいプラエネステたち"に固有の名声のことを銘記するならば、驚くには当たりません。自慢にも近いこういう誇りに満ちた名声——そういう意味では諺ともなっていますが——については、なかんずく、リウィウスやプラウトゥスが私たちに証言をしてくれているのです。

フォルトゥーナ女神の神殿建設

　運命の女神フォルトゥーナ・プリミゲニアの神殿創建の神話*も、プ

---

*　フォルトゥーナ女神崇拝の起源はエジプトだったらしい。エジプトの肥沃の

ラエネステのこの"栄光"に値いします。その代弁者はキケロでして、彼はこの聖域の起源をプラエネステの一貴族、スメリウス・フッフキウスなる人物が山腹に掘削せよとの聖なる命令を夢の中で告げられた、特定し難い大昔にさかのぼらせています。同郷人たちの嘲笑を物ともしないで、彼は堅い岩の掘削を信念をもって企てたのでして、ついにはタブレットが見つかったのです。そしてその後、これらタブレットはくじ引き（sortes）による託宣を読み取るために神殿の中で用いられてきたのです。

プラエネステなる名称

"プラエネステ"なる名前の語源的説明にも神話が支配しておりまして、ある人びとはこれをプラエネストゥスに、他の人びとはその上に集落があった"高所"に結びつけておりますし、また——これはもっとも魅力的な仮説なのですが——トキワガシという、ほぼプラエネステ全域にその濃い影が見られ（しかも夏日には享受し）易い植物を指すギリシャ語 πρίνος（常緑柏）に結びつける人もおります。因にこういう仮説は、上述のテレゴノスの基本要素とも合致しており、しかもそれはこの町のもっとも古い呼称"ステファナエ"（プリニウス）とか"ポリュステフ

生みの母（イシス）は、ナイル川の洪水であり、その崇高な性格を体現しているのが、フォルトゥーナ女神崇拝だったようだ（Orazio Marucchi, *Guida Archeologica dalla Palestrina. L'Antica Preneste* (Roma, 1932), p. 80.）。（訳注）

ァノン"（ストラボン）とのありうべき結びつきをも示しているのです。ある史料は"冠の町"としてのプラエネステのイメージに固執しており、このように定義されているのは、住民たちがお祭りとか宗教儀式の折々よく用いていたトキワガシの冠とか、昔の城砦（今日のカステル・サン・ピエトロ・ロマーノ）をぐるっと取り囲んでいる強力な、ゆったりした輪状の壁に対してなのです。

　神話伝説の総体からは要するに、この町の始まりをひなびた"地区"（pagus）と仮定できます。そこにギリシャ（つまり、ギリシャ－アジア的）植民地建設が行われたのでしょう。これは著しい進歩をもたらしたのですが、やがてローマの影響力が徐々に揺るぎなくなるにつれて、この進歩もくい止められてしまったのです。

多角形の壁

オリエント化の時代

　歴史・考古学の知識の現況からすると、プラエネステの創建は年代的には、西暦紀元前2千年紀の後半に位置づけられます。元は"原ラテン人"（Prisci Latini）から成っていた人口は徐々に統合され同化されていき、歴史時代には、ギリシャ－オリエント世界に由来する植民に近づいていったのです。（"物質的"、芸術的、言語的）文化は、アジア、エトルリア、オスク・ウンブリア族、アエクイ族からの影響をも示しています。

　前10～9世紀に、プラエネステは半島のティレニア海斜面に特有の、鉄器文明にとっぷりと加わります。この文明は前8世紀後半から前7世紀全般（いわゆる"オリエント化"と称されている時期）にかけて、文明・文化が大いに盛えた時代へと発展して行きます。その証拠としては、素晴らしい考古学的発見物があり、その内には、いわゆる"王家の墓"の中で再発見されたもので、洗練された仕上げの芸術品、ネックレス、道具類があります。

　前6世紀全般までに目立つのは、エトルスクの墓で発見されたものに類似した様式の数々の物体です。地中海のオリエントに由来するとか、とにかくオリエント趣味に従ってつくられた夥しい物体は言うまでもありません。ローマのヴィッラ・ジュリア・エトゥルスコ博物館所蔵の素晴らしい品々とか、ローマの"ピゴリーニ"先史博物館所蔵の有名な「プラエネステの留め金」のような、金銀細工の産物も格別の言及に値する

イタリアの古都 パレストリーナ

ように思われます。この留め金の上には、ラテン語成立の最初の歴史史料と目されている献辞が彫られているのが見えます。この"留め金"の信憑性は最近疑問視されてきております。さりとて、このことでプラエネステがローマとの葛藤関係ばかりか、文化的浸透関係でもいろいろと展開してきた言語的洗練という基本的役割が実質上、傷つけられるわけではありません。そのことは、多くの刻文、なかんずくヴィッラ・ジュリア博物館所蔵の「フィコローニ祭具入れ」と称される青銅の手箱の上に読み取れる、有名な刻文を想起すれば十分です。さらに、プラエネステとアンツィオとの間にある結びつきも格別の重要性を帯びてきます。この両者を繋ぐ直接の古い道は、ラティウムの二つの中心地どうしの宗教的のみならず、政治経済的でも相補性（少なくとも、融合）の絆を思わせます。実際、両方の町で運命の女神フォルトゥーナが信奉されておりますし、しかも、アンツィオの海から見えるプラエネステ聖所の頂上で永久に燃えている火が、航海者たちにとり位置測定の基準点の役をはたしたと伝えられているのです。他方、ロレンツォ・クイリチ教授の証明したところによりますと、古代におけるプラエネステの最初の重要な都市計画はまさしくプラエネステ－アンツィオなる主軸道路に基づいて組み立てられているのです。

　ただしこの町は地理経済面だけでこういう重要な機能を帯びているわけではないのです。それの戦術上の機能も大いに際立っています。殊にそれを代表するのは優れた位置です。この位置からして、アッペニン山脈の後背地(ヒンターランド)にあるアンツィオと、ラツィオからカンパーニャに通ずる土

往時のパレストリーナ

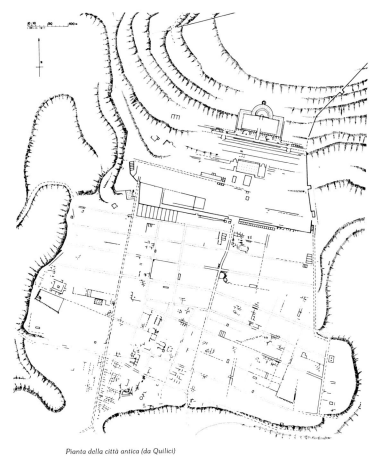

Pianta della città antica (da Quilici)
古代のパレストリーナ図（クイリチによる）

地の、自然な、快適な道とを結びつける幹線道路とが交叉する重要な十字路を制御することができるのです。幾世紀にわたって最重要な政治・軍事の強力な当事者間で、絶えず奪い合われてきたのも、こういう戦術

上有利な位置をめぐるものでしょうし、これはプラエネステ住民にとっては繰り返される災難の源ともなったことでしょう。

さらに指摘しておくべきなのは、フォルトゥーナ・プリミゲニア（つまり、神々および人類の最初の母）の神殿であったというような、魅力的な令名高い中心が町の中に存在していることです。この女神の起源ははるかなる過去に消え失せてしまっているのですが、豊富な歴史時代に降りますと、やはり言及に値いする夥しい細かな奉納物が、プラエネステへ立ち入る主要道路沿いに、とりわけ、ローマに向かって西側（"サルデーニャ人"地帯）で発見されております。

政治組織

政治組織の観点からは、プラエネステは元来は君主により支配されており、その後（前7～6世紀に）ラテン－エトルクスの或る強大な貴族階級がこれを補助したようです。それからは他のラツィオ州の諸都市と同じく、一つの元老院が代表し、二人の"法務官（プラエトル）"が統治する共和体制へと移行していきます（前6世紀）。

プラエネステの最盛期の終焉は、ローマの政治的拡大との、やや早めの衝突と符合します。ですから、周知のとおり、前5世紀の初めには当時までほかの29のラツィオ諸都市と同盟を結んでいたプラエネステは、反ローマの立場についていたのでして、"ラテン同盟"（lega latina）を成す諸都市と同盟関係にはなかったのです。

ローマ人がレジッロ湖で同盟に勝利を収めてからは（伝えられている資料では、前494年）、プラエネステはおそらく、"カッシアヌス同盟"（foedua Cassianum）に加し（ただし、これの信憑性は最近になって論議されています）、これとともに、前493年にはラテン諸都市は相互にローマに対して防衛同盟で近づくことになるのです。でもこのことは、アエクイ族やウォルスキ族のラティウム（ラツィオ）攻撃を助長するのです。ローマとプラエネステとの風土病的なこういう敵対状況は何十年も続き、しまいには30年も交互に変化しながらも、決定的結末のない戦いを引き起こすのです。ところが、前390年にガリア人側からのローマ侵入により、ローマの力が当てにしてきた同盟組織全体が薄くはがれてしまい、ロムルスの都市が自らの威信を回復する以前の多くの歳月が必要となるのです。この機を利用して、プラエネステ人たちは前383年にラビキ、ガビイ、トゥスクルムの町々を攻撃し、ローマに反旗を翻したウェリトラエの町を助け（前382年）、ウォルスキ族の加勢でサトリクムの町を陥落させるのです。マルクス・フリウス・カミッルス（前447頃～前365）の反撃が成功したのですが、それにもかかわらずプラエネステ人たちはうまくローマの壁の、コッリヌス門にまで到達するのです。でも紛争が終結するのは、その後、ローマ市民たちの支持を得たからです。そして、プラエネステはとうとうティトゥス・クインティウス・キンキナトゥスに降服してしまうのです（前380年）。

イタリアの古都 パレストリーナ

ローマとプラエネステ

　けれども、プラエネステ人たちの誇り高い反ローマ感情は数年後に力を取り戻します。ローマに敵対する他の諸都市と組んで、前354年まで続くことになる長い新たな戦争が起きるのです。この年、ローマはガリア人による第二次襲撃の危険から解放されるや、ティヴォリとプラエネステを服従させることに成功し、この両方の町を新しいラテン同盟に仲間入りさせてしまったのでした。

　この新たな戦争（前340〜339）は、ラテン同盟の決定的な解消と一つの条約で終わるのですが、この条約により、ローマはプラエネステに対して、"対等の契約"（foedus aequum）でローマと結びついた独立した"共同の"（socia）町としての資格を認めるのです。それにより、プラエネステ人たちはローマ人に或る種の割り当て軍人（"將帥"praetorに指揮された歩兵隊）を供給しなければならなくなります。

　このときから、プラエネステの歴史はローマ史の付録と化します。ですから、前280年にはこの町はヒュッロス（前319〜前272）により占領された町となります。また、將帥マルクス・アニキウスに指揮されたプラエネステの"歩兵隊"（cohors）により、カシリヌムにおいてハンニバルに対して行われた、伝説に残る英雄的な、ある点ではばかばかしい抵抗（前216年）にも私たちは立ち会うことになります。ハンニバルは最後には敵たちの誇りと勇気にすっかり感動して、彼らに身の代金を支払わせた後、生命と自由を認めたのです。さらに語られているところ

では、プラエネステ人たちはその周知の、実証済みの自尊心から、この事件の後で自分らに提供されたローマ市民権を拒絶したとのことです。

しかしこういう戦争に関する目立ったエピソードを別にすれば、ローマとの長期の"同盟"（societas）はたいていの場合、平和的であって、そのおかげでプラエネステは経済的・政治・社会的発展を継続することが可能となるのです。プラエネステ－アンツィオの主軸道路を中心とする低いこの町の都市計画の組織化に着手することになるのです。都市計画のこの段階にはその他の段階が続き、はてはルキウス・コルネリウス・スッラ（前138～78）に命令されて、この町が略奪され住民が虐殺された後で、彼の奨励した植民地化が進むことになります。2世紀後半には、大昔から巡礼対象と大いなる崇拝現象だった至聖所の壮大な完全復元が開始されることになり、これは次の世紀の初めの数10年間になおも熱心に続行されたのです。

スッラによる略奪

平和と整然たる発展の時期も、マリウスとスッラとの内戦の時に突如中断されます。前90年に「選挙権を有する自由市」（municipium cum suffragio）という威厳を獲得したプラエネステの上に、それの歴史を画するような多くの災いの一つが振りかかります。実際、マリウスの息子の拠点と化していたプラエネステは、スッラの攻撃を被らざるを得なかったのです。スッラはコッリーナ・ポルタでの敵に対する決定的勝利か

イタリアの古都 パレストリーナ

ナイル川のモザイクの一部

ら帰還しつつあったのでした。小マリウスは自殺し、町は降伏したのですが、スッラの軍隊により掠奪されます。スッラの退役軍人たちは居住地域の低い地区に住みつき、こうして新たな都市圏——今日私どもが"スッラの町"(città sillana)と呼んでいるところ——を形成するに至ります。

皇帝時代のプラエネステ。プラエネステ暦の創始者ウェッリウス・フラックス

　プラエネステは内戦に絡んだこういう激動的な苦いできごとを経て、今度は深くローマ化された都市生活を回復するのです。そして、徐々にいかなる自立主義的力をもなくしていき、むしろ周辺地帯での休暇を過

ごす田舎のたんなる中心地、ますます過剰化する隣接の大都市の衛星都市となることを運命づけられるのです。この時期には、貴族や皇帝の大別荘が建設されました。それらの名残は今なおプラエネステの地域で認められます。プラエネステの別荘の客人たちを数え上げるなら、ホラティウス、小プリニウス、アウルス・ゲッルス、クラウディウス・アイリアーノス、シュンマクスがいます。また、皇帝アウグストゥス、ティベリウス、トラヤヌス、ハドリアヌス、その他皇帝時代の多数の著名人士がおります。円形劇場（当地では、たぶん"Cori"と呼ばれたらしいです）や"魚釣り"（当地の同音異義語）や"ネプトゥナリア"（"模擬海戦"とか舟の闘いを含む、水上芝居）用に準備された広大なため池が著しい重要性を帯びてきます。

　皇帝時代のプラエネステの生活でより際立つ史料としては、プラエネステの哲学者・雄弁家クラウディウス・アイリアーノス（170〜235）の活動を想起すべきですし、またアウレリアヌスによる迫害期間では、若きアガピトゥスの殉教（274）があります。彼はその後、プラエネステの守護聖人となりました。

プラエネステの没落

　ですから、プラエネステには帝国末期の歴史の変転する歴史が反映しているのです。すなわちコンスタンティヌス帝の時代の313年には、町の中に司教座が置かれていたことが分かりますし、背教者ユリアヌス帝

の時代の 316 年には、女神フォルトゥーナへの先祖代々の崇拝が新たに力を回復しますし、最後に、テオドシウス帝（在位 380 〜 392）の勅令は異教崇拝のいかなる表出をも厳禁して、古い宗教のすべての信仰の表示を決定的に罰したのです。こうしてプラエネステは町民の活力や史的権威という固有の伝統的動機が消滅することになるのですが、391 年にはなおもシンマクスが女神に意味深な公的敬意を表しています。とはいえ、神殿はとめどない破滅へと向かいます。それのもっとも堅固な部分の上には、目立たぬ住居が建設されますし、また防衛用のとりでも建造されます。こうして"光輝ある"町はたんなる生計手段の農村経済で支えられ、絶えず野蛮人やサラセン人の侵入にさらされた、要塞地区の地位に堕してしまいます。

中　世

　ベネディクト会の修道生活はいささか暗いこの描述をあえて行うことになります。しかしながらこの修道生活は町外れにありながらも、聖ベネディクトスやその初期の会員たちの彩しい隠修士が大切にした地域に広く波及していくのです。たとえば（プレネスティーニ山上の）メントレッラ、アッフィーレ、スビアコ、等に。

　中世盛期におけるパレストリーナについての史的情報源はそれほど多くはありませんし、特に説得力があるわけでもありません。より際立った史料としては、スートリウムの寄進（728 年）後この町がローマ公国

に含まれたこと、ランゴバルディ一族の王アストルフォによる占領により、攻撃的な拡張政策が実現したこと（752年）、9世紀末に聖アガペトゥスの遺骸が大聖堂の中に移されたこと、ファルファ写本の中に"パレストリーナ"なる新名称が出現したこと（873年）を想起することができます。

パレストリーナの授封

　970年に遡る授封の資料が記録しているところでは、法王ヨハネス13世が"キヴィタス・プラエネスティーナ"の領域全体——ザガローロからポンテ・オルシーニのズビアコに至る——をローマ元老院議員ステファニアに供託しています（彼女は同法王の妹か、またはトゥスクルムのアルベリクス伯の妻ないし近親だったらしいです）。続く時代においては、パレストリーナの出来事はトゥスクルム一族や彼らから出た親法王党の移り行く運命と密接に結びついています。それは一連の相続メカニズムにより、封土がコロンナ家に移行する（1043年？）まで続くのです。

　ですが、法王グレゴリウス7世がこういう推移に反対したため、ピエトロ・コロンナの怒りを買い、彼は教会分裂派の枢機卿ウゴーネ、カンディド（プラエネステ地区に正真正銘の分裂教会を組織した人）の支持に回るのです。パスクワーレ2世は町を軍事的に占拠することに成功するのですが、同枢機卿の死により、町はコロンナ家により再び取り戻され、同家はその霊的指導をコノーネ大司教（当時の教会の重要人物で、

引き続き法王職の候補者となる）に託すのです。

　以後、コロンナ家と対立する一族に属する法王たちとの間には、絶えざる緊張が続くことになります。この緊張関係は、コロンナ家が1297年にボニファティウス8世（ベネディクトゥス・カエターニ）が法王座に選出されたのを無効にしようと試みるとき、容赦のない、公然たる闘争となって爆発します。そこから生じた衝突では、法王は敵対者たちに正真正銘の十字軍を招集するのです。

第二次のパレストリーナ破壊

　パレストリーナはフィレンツェ、オルヴィエート、マテリカ、シエーナ、サン・ジミニャーノからの"十字"軍により攻略され破壊されます（1298年）。詩人ヤコポーネ・ダ・トーディは法王庁の世俗的・覇権的な傾向に反対してコロンナ家に加担して、長期の監禁状態の憂き目に遭います。当のボニファティウス8世は1299年に町を"キヴィタス・パパリス"と意味深長にも名付けて、これを再建することを布告します。しかししばらくしてから、コロンナ家に依然として忠実なプラエネステ人たちによる反法王のさらなる蜂起を恐れて、またしても町を破壊させるのです。コロンナ家は素早く雪辱を果たします。すなわち、シャッラ・コロンナとフランス人ギョーム・ド・ノガレは「アナーニの侮辱」の主人公となり、そこではボニファティウス8世を虐待しその頬を平手打ちしたと言われています。

パレストリーナは1037年頃に長老ステーファノ・コロンナの手で再生します。彼はフランチェスコ・ペトラルカを幾度も客人として当地に招いています。

コラ・ディ・リエンツォによる包囲

その後コラ・ディ・リエンツォという、ローマの行政官で独裁者が、最重要なローマ貴族の家族に対するきっぱりとした敵意をむき出しにかかると、コロンナ家の人びとはパレストリーナに軍隊を結集し、サン・ロレンツォ門からローマへの攻撃を試みます（1347年）。この攻撃で、ステーファノ・コロンナ2世、その息子ジョヴァンニ、それにピエトロ・アガピト・コロンナ・ディ・ジェンナッツァーノが戦死します。けれどもしばらくして、コラが自らの支持者たちから逃亡することを余儀なくされると、老ステーファノがローマに入場し、そこで貴族支配を復活させます。1354年には、コラがフランス人法王から招かれて、元老員議員としてローマに凱旋帰還することに成功し、二回にわたってパレストリーナへの攻略を試みます。ところが、軍事的出費が莫大なばかりか、その他の不平不満も加わり、ローマ人民の共感は決定的に彼から離れるのです。結果、この行政官は下降線をたどり、致命的な私刑（リンチ）の犠牲者になってしまいました。

イタリアの古都 パレストリーナ

コロンナ家対法王庁の闘争

　けれども、皇帝党員(キベッリーニ)のコロンナ家と法王庁との闘争は続行するのです。ニッコロ・コロンナがローマに押し入り、法王をサンタンジェロ城の城壁の中に逃亡することを強います。でも、民衆の敵意から、コロンナは退却することになります。その後、ボニファティウス９世から激烈な破門が下り（1400年）、ナポリ王も参加する十字軍がコロンナ家に対して布告されます。でも、この十字軍はパレストリーナを攻略することには成功せず、ここの領土をひどく荒廃させるのです。1401年に締結された講和条約により、コロンナ家は復権したばかりか、権力や威厳も増大するのです。今度はナポリ王と同盟したコロンナ家は、ローマを再占拠し、他方、法王インノケンティウス７世はヴィテルボに逃亡します（1405年）。でも翌年には、コロンナ家は法王と和解してしまった元同盟者の側から攻略を受け、撤退せざるを得なくなります。それから、ナポリ王ラディスラオがラティウムの大半を占領することに成功すると（1414年）、ジャコモ・コロンナはこの王に忠誠を誓わざるを得なくなります。でも、1417年には彼はブラッチョ・ダ・モントーネとニッコロ・ピッチニーノが西欧の教会分裂というさまざまな変転による法王座の空位期間にラティウムを占領していたため、この両者と提携するのです。そこで、ナポリ女王ジョヴァンナ２世が反発し、ムツィオ・アッテンドロ・スフォルツァを派遣するのです。スフォルツァはニッコロ・ピッチニーノを打ち負かし、それから、パレストリーナとザガローロにおける彼の

軍隊を包囲してしまい、ついにはマルティヌス5世（オッドーネ・コロンナ）が法王に選出されて、協会分裂は終焉を迎え、それ以後彼は闘争中の両派が和解するのです。

　この時期のプラエネステ共同体の"内部の歴史資料の観点からすると、「意見の小修道士たち」の共同体の形成に関した消息が得られます。彼らは1426年頃に活動していたことは確かなのです。どうやら、異端的見解を表明したり、無礼講の儀式を行ったり、財産共有を奨励したりしていたようです。

パレストリーナの第三次破壊

　1431年には、新法王エウゲニウス4世がオルシーニ家を擁護して、コロンナ家から最近数十年間に獲得した全財産の返還を要求したため、これに反抗して、ステーファノ・コロンナが一族に助けられながら、軍隊の先頭に立って、ローマへの襲撃を果たします。けれども、彼は法王軍やナポリ女王ジョヴァンナの軍隊による迅速な反撃に遭わざるを得ませんでした。そこで、コロンナ家はもっとも非現実的な賢慮に屈して、1433年には、つかの間の和解を受諾するのですが、これは翌年には破れて、コロンナ家とその同盟者たちの側からローマ占領が行われ、結果、法王はトスカーナへ逃亡するのです。しかし間もなく、枢機卿ジョヴァンニ・ヴィテッレスキがローマ貴族の反法王前線を打破することに成功し、そして迅速な戦闘でもって、失われた領土を回復するのです。パレ

イタリアの古都 パレストリーナ

ストリーナのロレンツォ・コロンナは戦闘を放棄して、亡命者としてテッラチーナに赴き、町をヴィテッレスキの思うままにまかせます。彼はこの町を破壊し尽くし、大聖堂をも容赦しませんでした（1437年）。聖アガピトの遺骸は彼のコルネート（タルクイニア）の司教座に移されるのです。

再建──"亡命者"地区

けれども、プラエネステ人の大半は町の廃墟の上に戻って、上にある地帯に貴族風の宮殿を構えたり、いわゆる"亡命者（たち）"の民衆地区を発生させたりするのです。ついにニッコロ5世が法王座に就くと、

"亡命者"地区

コロンナ家は元の品位を取り戻し（1447 年）、そして 1448 年からは、ステーファノ・コロンナの働きで、町はだんだんと再建されていきます。以前の規模を回復するのですが、でも以前の威厳を回復することはないでしょう。

　町の内部の発展は、政治・社会組織、文化・宗教生活の面では依然として興味深い時期を画するのですが、このときからパレストリーナは固有の壁の外ではもはや歴史を築くことがなくなり、運命のその他の変遷を甘受しつつ、もはや自律した政治的イニシアチヴを表明できなくなるのです。プラエネステ人の誇りは昔の歴史家たちから高貴な市民的伝統の意識としてよく想起されたり、中世期のもろもろの事実において今日でも再認できたりしますが、それも町の衰退とともに消え失せてしまい、ついには近隣の村落のそれにも似た、地方的、下位的、疎外された役割の甘受と混同されるに至るのです。

近代のパレストリーナ

　近代になると、パレストリーナの歴史はその結果として、発展の有効ライン以上に際立つ"データー"を加えています。

　時代的には短い間隔をおいて、1486 年と 1524 年に二つの悪疫が発生します。

　1503 年には、アレッサンドロ 6 世ボルジアが、フランス人およびスペイン人と同盟を結び、ローマ貴族に支えられたナポリ王に対抗して、

パレストリーナを武力で占拠するのですが、数ヵ月後には法王ユリウス2世により、パレストリーナはコロンナ家に返還されます。

パレストリーナの誕生

　正確には突き止められないのですが、1525年頃に、ジョヴァンニ・ピエルルイージ・ダ・パレストリーナが誕生します（没したのは1594年）。多声合唱音楽のこの大家は、近代音楽芸術の決定的発展を画することになります。プラエネステの司祭ペルシャーノ・ローザ（サン・フィリッポ・ネーリを鼓舞した協力者）は1548年に"巡礼者たちの三位一体信心会"をローマに創設します。それはパレストリーナが政治次元の反発と同じく、宗教的影響を広く受けた、反宗教改革的文化の精神に立っていました。とりわけふと気づくと、スペイン王フェリペ2世と法王パウロ4世との間に生じた紛争を機に、町はアルバ公の軍隊によって占領されます（1556年）。翌年には、法王軍により取り戻されるのですが、しばらくして、今度はスペイン側から越えてきたマルカントニオ・コロンナの軍隊により侵略されます。

　ピウス5世は1570年にパレストリーナに公営質屋を設立し、同時に、ローマのゲットー地区にプラエネステのユダヤ人共同体を追放させます。1571年にはパレストリーナに公国の品位を認め、当地の名義人としてジューリオ・チェーザレ・コロンナを指名します。

ヴェローリ市との姉妹都市提携

1575年には、ヴェローリの巡礼者が聖年への途中でプラエネステ人から受けた寛大なもてなしにより、両都市間に友愛関係が生じ、これは今日に至るまで、お祭りや宗教儀式の折の旗の交換となって表われています。

1600年には、「気まぐれ者のプラエネステ・アカデミー」が立ち上げ

「パンタジマ」(パルベリーニ宮殿)

イタリアの古都 パレストリーナ

られたことが知られておりますが、これはラティウム（ラツィオ）におけるバロック文化の初期の明白な存在を示しています。

　1600年には、カラヴァッジョが決闘が原因で死刑を言い渡されて、ローマから逃亡し、パレストリーナとザガローロに一時的な避難所を見いだします。

　1614年または1616年には、フェデリーコ・チェージが大聖堂付近で発見されたナイル川流域のモザイクを興味をもって調査しています。

ハドリアヌス邸で1793年に発見されたハドリアヌス立像

コロンナ家からバルベリーニ家への
パレストリーナ領地の移行

　1630年にフランチェスコ・コロンナ王は財政の破産状況から、領地を775,000スクード（金貨）でウルバヌス8世の弟カルロ・バルベリーニに売却せざるを得なくなりました。不当にも無視されてきましたが、壮麗な農家の施設——"三角形"とか"バルベリーニ・クラブ"と呼ばれています——の建設は、やや後の年次に帰せられています。これは現在の住宅街の南方約3キロメートルの、"トッレジーナ"地区と"オルマータ"大通りとの間に位置しています。

　バルベリーノ家はペストの折りに立てた誓いを遂行するために、邸宅に隣接して聖ロザリア教会を建立させました。都市の再建および再整理の種々の重要な仕事はバルベリーニ家に帰せられており、これらはこの町に現在の姿を授けたのでした。1640年には、枢機卿タッデオ・バルベリーニの手で同じ貴族邸が大幅に修復されました。1656～57年に発生したペストは人口減少を招いたのですが、それでもこの町のそれなりの威信を失墜させることはなく、1669年からは枢機卿アントニオ・バルベリーニの発案による神学校を受け入れることをこの町に同意させるのでした。

　17～18世紀のパレストリーナは、経済的・政治社会的な再編成の時期を経ることになり、そのことはこの歴史段階に展開してゆく政治・経済・教会・社会福祉上の幾多の複雑な施設が証明しています。ですが、

こういう斬進的な発展状況は、1703 年の地震のような、手に負えぬ出来事や、軍隊——1707 年と 1711 年のドイツ軍、1734 年と 1736 年のスペイン軍、1799 年のナポレオン軍、1802 年のフランス軍——の度重なる通過によって繰り返し掻き乱されたのでした。こうしたすべての場合に、プラエネステ共同体は町の略奪や破壊を免れるために重い軍事拠出金を支払わせられてきました。その後に特別な利害関係を帯びるのは、1734〜1744 年の 10 年間の出来事でして、この期間にプラエネステの領土はナポリ王国への覇権のために発動された数次の戦役舞台となるのです。1744 年のヴェッレトリの戦役は有名でして、ここではブルボンのドン・カルロ（後にスペインのカルロ 8 世となります）は 1738 年のウィーン条約によりナポリ王に任ぜられていたのですが、その領土を侵犯する恐れがあったオーストリア軍と闘ったのです。

　そのほかにも銘記すべき文化上重要な若干の事実があります。1745 年には、「フィコローニの祭具入れ」が発見されました。1751 年には、プラエネステのアルカディア・アカデミーが活躍します。1774 年にはウェッリウス・フラックスの注解付き暦 "Fasti Praenestini" が発見されましたし、1793 年には「ハドリアヌス邸」でアンティノオス像が発見されました。

アガピト・ピンチとローマ共和政体

　フランス人のラティウム占領やローマ共同体の創設はプラエネステの

住民を表面上でさえ巻き添えにはしませんでした。プラエネステは今やいかなる政治的動揺も信じないように慣らされてしまいましたし、その骨折りや反発——往々にして劇的でした——を自らの長い歴史の中であまりにも繰り返し耐え忍ばざるを得なかったのです。それですから、法王の復興は正常化への回帰と受けとめられましたし、そして、結果的には第二のローマ共和政体のガリバルディ部隊の現前も、黙示録的な事件として受け取られることになるのです。彼らは1849年5月の上旬にパレストリーナを、ブルボン王家の部隊からの攻撃に対する防衛作戦の舞台で総本部および抵抗中枢として選んだのでした。ガリバルディの存在そのものはほかの脈絡で示されたような真心のこもった熱狂を爆発させることはありませんでした。それでも反ブルボンの抵抗が勝利することになります。でも共和政体は今や命運がつきていましたし、したがってこの短命ながらも強力な経験は、民衆を巻き込むことには成功せずに、ただ弁護士アガピト・ピンチのような若干のインテリを巻き込んだだけでした。この開かれた、しかも"ヨーロッパ的"な心性と高い教養を有する人物は、1849年2月に、ローマ共和政体の憲法制定議会で選ばれた議員の一人でした。

　1867年にも、メンターナによる不幸な試みの際にガリバルディの側に組みしたのは、たった若干のプラエステ人だけでした。

イタリアの古都 パレストリーナ

パレストリーナでの最後の死刑執行

1870年には「プラエネステの留め金」が発見されました。同年には貴族宮殿の底部のコルティーナ広場で、匪賊ベッローモ（俗称パッレーダ）が首をはねられました。これは法王領での最後の死刑執行です。

カルキッティの集落

この年代には、とりわけカプラニカ・プレネスティーナ（パレストリーナから約12キロメートル離れたプラエネステ山上にある、絵のような中心地）出身の季節労働の農夫たちの大勢の一団により、カルキッティ集落が創り出されます。これはアグロ・ロマーノ*の植民地化にとってかなり重要な一つの契機でした。労働地区に近い労働者によって建てられた、木造の小屋が至る所に発生しましたが、これらは日雇い労働者の伝統的なはなはだ苛酷な通勤を回避するためのものでした。大地主たちがこういう定住を大目に見たのも、これらの住まいがアフリカの"トゥクル"**のような仮設状態のままに留まるとの条件付きでしたし、彼らは"田舎者たち"のための定住権の根拠をつくりだしたのではなかったのです。でも後者の人たちはだんだんと自らの権利を意識していきましたし、当初の土地占有（1871年）から市民の使用権闘争（1903〜

---

* ローマ周辺の平野地域。

** アフリカ東部の円錐形をした藁ぶき住居。

1904）に至るまでの度重なる激しい権利回復の中で、この意識を露わにしております。

　プラエネステの農耕労働者たちの復権への反響は、主だった出版機関にも反響していましたし、これらはクリスピオが祖国の低開発という重大問題を無視して、植民地的な著しい——しかも不幸な——冒険を追求してきた、その綱領に対抗する、民主的方向性の政治家やジャーナリストに支持された論争と連合していたのでした。

　アグロ・ロマーノやプラエネステのみすぼらしいトゥクルはしたがって、クリスピ政府やその直近の後継者たちへの反対者たちの側から始められた、顕著なイニシアチヴや闘争を助長する象徴的な例証となったのでした。でも、アグロ・ロマーノにおける"社会問題"のこういう局面やその他の重要局面は、文化人や重要な教育家（詩人ジョヴァンニ・チェーナ、作家シビッラ・アレラーモ、アンジェロ・チェッリ、さらには、フェリーチェ・ソッチャレッリ）の（人道的・政治的・教育的な）関心をも引きつけたのでして、彼らはその最上の精力をこれら民衆の解放に捧げることにより、なかんずく、農民の学校の設立を促進したのでした（1919年）。

マン兄弟のパレストリーナ滞在

　19世紀末、トーマス・マンと兄のハインリヒはパレストリーナで二夏（1897〜1898）を過ごし、トーマスはそこで『ファウスト博士』の

イタリアの古都 パレストリーナ

ための霊感を得、また『ブデンブローク家の人々』の大半の草稿に着手しました。ハインリヒのほうはパレストリーナの雰囲気から、『小さな町』や『イチジクの岩山の物語』の霊感を得ました。第一次世界大戦中には、二人はパレストリーナでファシスト行動隊をも組織しましたし、そして1922年10月末のローマ行軍の日々には、この町はボッタイ縦隊の通過に関わる激動の劇的な体験を目の前にするのです。独立する政党の党員どうしの不可避な暴行ばかりか、ある人びとが想起しているように、同じファシスト行動隊内での銃撃戦までも勃発したのでした。パレストリーナはこうして、この日々には犠牲者を決する猛烈な衝突のイタリアにおいての唯一の中心地になるという悲しい記録を成就したのでした。

ですがさらに悩ましくなるのは、連合軍の爆撃の日々でありまして、1944年春に、パレストリーナの要塞——過去でもそうでしたが、戦略上重要でした——からドイツ軍を一掃しようという目的に従い、連合軍は全く、無防備の町や住民を襲撃し、莫大な数の犠牲者と、居住中心地区のほぼ全滅とを惹き起こしたのです。このため、この町はその後市民栄誉勲章の称号を授けられることとなりました。

戦争の狂気は旧市街を襲い、以前にはほぼすっかり住宅で覆われていた、神殿の施設を露出させました。そのとき以来、広く発掘キャンペーンが行われたのでして、復元は今日でも成就と再組織化の途中にあり、これらによって、フォルトゥーナ神殿（世界で無比の壮大な記念碑的な偉容を有しています）は歴史的・芸術的に極めて興味深い多くの発掘品とともに、徐々に明るみに出されてきています。これら発掘品は今日、

往時のパレストリーナ

ハインリヒ・マンが素描した、小さな町

パルベリーニ宮殿のプラエネステ国民考古美術館に所蔵されています。

とはいえ、この分野ではいまだありうべき最良のものが成し遂げられたわけではありません。むしろ、戦後から今日にかけての都市の発達はやや混沌としており、大部分が違法なものなのでして、これが一方では、この町に進歩した、現代的な、"目に見える"都市的外観を授けてはいますが、他方では、明るみに出したり、修復したり、評価したりすることのできる考古学的・記念碑的な遺産を取り返しがつきぬほどに傷つけ

てしまってもいるのです。

　こうしたすべてのことはこの町の観光的・文化的発展の可能性を劇的に狭めてしまっていまして、この町を農業活動——せいぜい細分化されたものでして、確かに前衛的なものではありません——と、近くの首都への"通勤"という拘束関係で主に発展した"第三次産業的"活動との間で、自分らの脆弱な経済的立場に押し込めてしまっているのです。

ロベルト・ディ・ジェッサ＆アンジェロ・ピンチ

当初のフォルトゥーナ（幸運の女神）至聖所

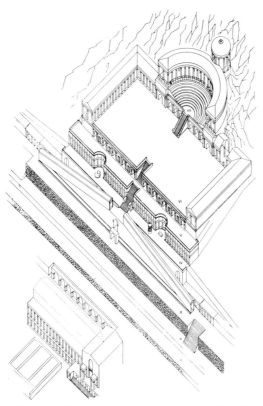

神殿の上部と下方の仕組（ケーラーに拠る）

当初のフォルトゥーナ（幸運の女神）至聖所

歴史記述的要約

　見学者が目にする神殿の現況は、当時は巨大さ・壮大さからして最大級に属していた元の構造よりも幾分か縮小された一部です。実際には、この神殿はパレストリーナの旧市街を包含する地区全体を占めていたのでして、現在のアルチョーニ通りとは谷で区切られていました。この通りは低い地帯だったのでして、そこでは今日でさえ、かつては中央の神殿入り口を飾っていた噴水の一つのほかに、城壁の一部も見られます。

　キリスト教の到来による、フォルトゥーナ（幸運）の女神信仰の放棄や、ローマの衰退は、徐々にこの信仰の威信や機能を縮小させていき、ついにはそこを便利な避難所や建築資材の獲得場にしてしまいました。そのため、土地改良の大規模左官事業や、幾世紀も続行する建設に組み込まれた事業を除いては、残りの部分は失われたり、破壊されたり、くすねられたりしたのでした。

　今日目にしうる神殿地帯が、1944年春にパレストリーナが蒙った、烈しい爆撃の結果明るみにされたのも、偶然ではないのです。

　至聖所の修復は第一次大戦後に、建築家ファゾーロと考古学者グッリーニの指導下に実施されたのでして、そのことは1953年の両者の注目すべき書物の中に記録されています。本事業の重要性は数十年来、研究・探求対象となってきましたし、これらの探求により、元の手細工どおりのかなり根拠のある再建を行うことが可能となったのです（模型はプラエネステ博物館で見られます）。逆に、正真正銘の礼拝所の建設および

イタリアの古都 パレストリーナ

航空風景（1934年）

航空風景（1964年）

当初のフォルトゥーナ（幸運の女神）至聖所

配置の時代は、あまり確実ではないようです。この事業の年代決定に関しましては、二つのテーゼが支配してきました。一つは前1世紀（スラ*の時代）に位置づけようとするもの、もう一つは逆に、2世紀中葉に置こうとするものです。長い論争はデ・グラッシの著名な研究成果のおかげで、今や中間の年代特定の有利になるように――つまり、2世紀末頃に――最終決着を見たようです。実際、この時代には、神殿で発見された献辞に基づいて証明される仲間たちや、自由民たちといった、プラエネステ家族の名前が、コロンベッラの半共同体的な墳墓の"水よけ"の上に刻まれた墓碑の名前と対比されていたのです。

この対比から判明したのは、前82年（スッラがマリウス**の側に協力していたプラエネステ人たちを殺害させた年）以前にこの町に住んでいたプラエネステの貴族たちがすっかり一変したということです。この年代より後には、地方の家族はほぼすっかり、新参者たち――独裁者から征服地を授けられた兵士や退役軍人――に交替させられたのです。したがって、神殿は必然的に前82年以前に遡るものであらねばならないことになります。

研究者間どうしでのもう一つの大きな論議の原因になったのは、女神フォルトゥーナ礼拝所の配置の特定です。最近優勢になっているのは、神殿の上方部分（いわゆる上部聖所）に位置づけるテーゼのようです。他方、二つの礼拝地帯――一つは占いの洞窟、財産保管所、聖域、後陣

＊　ルキウス・コルネリウス（前138〜78）。
＊＊　ガイウス（前157頃〜前86）ローマの政治家、将軍。

広間、ユノナリウムを含む言わば下方地帯に、もう一つは上方地帯（神殿）——を総括的に考慮に入れたアンチテーゼのほうはあまり同意を受けてはいません。

　今日見られる神殿残部は、三地区に集中しています。すなわち、周辺地区、中心地区、頂上地区です。周辺地区では、大規模な土地改良が目立っており、今日ではバルベリーニ庭園に組み込まれています。中心地区では、一連の記念碑が見られますし、これらからこの地区がこの町の法廷施設だったと同定できたのです（今日では、マルゲリータ女王広場がこの機能を保ってきました）。

　この広場から見えるものとしては、現司教神学校の正面玄関に組み込まれている、大聖堂の残骸、財産保管所、「ユノナリウム」と同定された神殿の一部を形成していた段階の残部や底辺の断片があります（ユノナリウムの上にはパレストリーナ大聖堂が建立されました）。頂上部分で見られるのは、正真正銘の神殿の残骸です。この神殿は五段を経て、ボルゴ通りへと延びており、この通りに沿って、コロンナ・バルベリーニ宮殿に至るまで、多角形な初期の土地改良事業を見てとることができます。

神殿の見学

　現在では神殿の見学は、官庁の理由から、カルミーネ広場の入り口が依然として使えないため、全体を二分するバルベニーニ通りから入場す

当初のフォルトゥーナ（幸運の女神）至聖所

半円形の段丘

ることが可能です。ツーリストの皆さんに対しては、よりよく理解したり、より完全な遠近効果をだしたりするためには、中央階段に沿って降りて行き、それから右側の横階段に沿ってカルミーネ広場の平面にまで行き、こうして、ちょうど2千年前の見学者がなしたのと同じように、低辺から探訪を開始することをお勧めしておきます。

　博物館ロビーで購入できる入場券は、バルベリーニ宮殿の見学も含んでいます。

　最初の段丘から上昇している二つの発見された階段には、外側も閉ざされた柱廊が横に並んでいました。この柱廊で残っているのは、円柱の基礎だけであり、これらはドーリス式の柱頭と同じく傾いていました。階段の勾配に即応していたからです。階段を昇り始めると、商店用だっ

イタリアの古都 パレストリーナ

たらしい部屋の幾つかの残骸が見られます。これらの階段は中央段丘の上で終わっており、段丘の下では二重に重なった壁龕が口を開けています。民間の意見では、中央の壁龕の中では、夜になると、ティレニア海の航海者たちにフォルトゥーナ神殿の存在や、この女神の保護を知らせるために、大がかりな松明が燃えていたらしいです。

この平面はいわゆる"半円形"の平面でして、これにはきっと神殿の個人的礼拝に向けられていたらしい、より簡単な二つの副次的階段から

"半円形"の平面に通じる階段

当初のフォルトゥーナ（幸運の女神）至聖所

も接近できたものでした。この平面は二つの対称的な半円を有するドーリス式柱廊で特徴づけられており、その上には、至聖所の聖務に当てがわれた部屋が開設されていました。

東の半円は三本の円柱とこれらの上にあるアティック式上部とともにもっともよく保存されています。円柱の柱頭はイオニア式であり、ドーム型ヴォールトは格天井になっています。この半円の前には、ある立像の土台とコンクリートの床付きの井戸の装飾がありました。その上には

聖なる井戸 "トロス"

コリント式の七本の小円柱がかみ合わされており、これらは円錐形の納骨室(トロス)を支えています。このトロスは少し前までは博物館の中庭に建てられていたのですが。今では同じ博物館の地階に解体されたまま置かれています。

　トロスの近くには一つの小祭壇もありました。そして信者たちの残した刻銘や奉納物(エクス・ヴォト)の数々の成分は、この台地の神聖さを示すものでした。ここはきっとあのキケロがプラエネステの信仰を記述する際に暗示していた「敬虔に垣をめぐらせた場所」(locus religiose saeptus) だったのでしょう。ここでは、赤ん坊が中におろされて、求むべき答えを得るために神託の"おみくじ"を引き出していたのに違いありません。このことの確証は──コアレッリによれば──、プラエネステの祭具容器(現代では、ヴィラ・ジューリア博物館所蔵)から得られるのでして、その蓋の上には、まさしくおみくじの鑑定が表わされているのです。つまり、一人の歩兵と一人の騎士を含む三名のグループが、第二グループ(やはり三名)のほうに向かっており、その中には一人の赤ん坊がいて、地中で開いているらしい開口部から上半身だけで現われ、手には長方形の物体を持ちながら、じっと見つめているのです。これはもちろん、神託を表わしています。

　半円形の台地の両端には、二つのアーケードのある通路がありました。これらは直角につながっており、コルティーナ広場の奥の回廊にまで上り坂で通じていました。この通路は「半円筒ヴォールト」と呼ばれる中間の台地に並んでいたのでした。この台地とても、中央の険しい急斜面

当初のフォルトゥーナ（幸運の女神）至聖所

で二分されており、側にある五つのヴォールトはイオニア式半円筒が組み込まれており、それらヴォールトの内部には、モザイク模様の床の痕跡や名残りがあります。広大な半分が破壊されてしまった台地は、訪問者たち用のパーキング場や商店に宛てがわれてきましたし、同時に、それはまたコルティーナ広場の平な表面にとっては土台の役をも果たしてきたのです。この表面は神殿の最大の要素です。

　現在バルベリーニ通りが貫通しているこの広場は、三方をコリント式の二重アーケードで囲まれており、奉納礎石や立像を収容するようになっていました。南側は開かれていました。北側だけはバルベリーニ宮殿に取り込まれたために保存されています。その中央には例の軸を成す階段があったのですが、現在では宮殿の中心に集まる二つの階段で取り替えられています。この北側は全体の上部へと通じていました。この上部も、もう一つの半円形二重回廊——円形の小神殿で終わっています——をもつ奥壁と一つの半円部分とから成っていました。この台地で今日残存しているのは、神殿の構造に組み込まれた奥壁と、半円部分だけでして、この半円部分からは海面まで下の平原全体を眺望できます。端の円形建物は訪問者の最終目標でした。それは約２メートルの高さの所で回廊から引き離されていました。そこへは二つの曲がり階段を通って近づくようになっていました。きっとフォルトゥーナ信仰のもう一つの像を収容していたのに違いありません。

ガエターノ・アレッツォ、アンジェロ・ピンチ
＆レナータ・トマッシ・ラッツィキア

コロンナ・バルベリーニ宮殿と考古学博物館

バルベリーニ宮殿の半円形階段

コロンナ・バルベリーニ宮殿と考古学博物館

　コロンナ家がパレストリーナに定住した1043年に、970年以来パレストリーナ領主だったトゥスコラーニ伯爵家の最後の末裔エミーリアが、同家の一人と結婚する際、封土を婚資として持参しました。コロンナ家はおそらく、宮殿内にすぐ居を構えたようです。この一家は1050年頃、神殿の上部構造の上に、正確には半円形の曲線の上にこの宮殿を建てました。この位置は町と下方の平原を見渡すのにはふさわしかったのです。

　この宮殿が最初に破壊されたのは1298年のことでして、この年には、パレストリーナは約一年続いた攻囲の後、ボニファティウス8世*の命により破壊し尽くされたのでして、同法王はこの選出を無効化しようとしたコロンナ家から財産没収を命じたのでした。容赦されたのは、大聖堂と僅かな家屋だけでした。領主の住居とともに、神殿のいまなお保存されていた多くの部分が破壊されました。このことは町の破壊に関してコロンナ家の人びとによりクレメンス5世宛になされた報告書が明らかにしているとおりです——「……貴重極まる円天井や、大神殿や、その他の円天井や建物……サラセンの仕事たる、正方形の石でできた古壁……もろともに」。

　でも、パレストリーナは司教管区でしたし、それですからすぐさま再建され、それとともに領主たちの住居も再建されたのです。ところが二回目のはるかにひどい破壊を、1437年にエウゲニウス4世により蒙ら

---

*　ベネディクトゥス・カエターニ（1235頃〜1303）法王権が王権より優位に立つことを主張。

イタリアの古都 パレストリーナ

ざるを得なかったのです。コロンナ家と再び不和になった法王は、法王軍の隊長で枢機卿のヴィッテレスキに命じて、パレストリーナに向かって行進させたのです。すると、パレストリーナはテッラチーナへ逃亡したロレンツォ・コロンナにより、見棄てられたため、またしても徹底的に破壊されました——今回は大聖堂も容赦されはしませんでした。この時期より古いものとしては、かつては牢獄に充てられていた、宮殿近くの家の中はゴシック後期の三連窓が残存しているのが見られます。

　エウゲニウス４世の後継者はプラエネステの領主たちに封土を回復してやり、彼らにこの町と宮殿を再建する許可を与えました。両方とも再建を見たのは、15世紀末頃のことでして、それはフランチェスコ・コロンナ本人が同宮殿の入口の門の上に刻み込んだ碑銘が記念しているように、彼による仕事でした——「古えの炎がしばしば鉄をはぎしもの、コロンナ家のフランチェスコの指揮にて1493年に更新す」。ですから、半円形の階段の麓にある井戸をも含めて、宮殿の大半はこの時期のものなのです。

　コロンナが住居とした宮殿に実際に住んだのは、1630年まででありまして、この年にパレストリーナの封土は法王ウルバヌス８世＊により取得されまして、それは兄弟のカルロに譲渡されました。それから間もなく彼を引き継いだタッデオ・バルベリーニは、この宮殿にかなりの付加や装飾を施しました。彼の紋章はバルベリーニ家と（この一家の一員（アンナ）を娶った）コロンナ家の家紋とともに、階段の手すりの下に刻印されています。タッデオが建てさせたのは、現在の玄関の間、半円

＊　（1568〜1644）法王在位は1623–44。

形の壁龕(ニッチ)であり、後者の中には、兄弟の枢機卿フランチェスコにより、今日でも最高の広間で鑑賞できる著名なモザイクが、1640年に施されたのでした。宮殿の各広間は今なお一部ながら、ズッカリー派が画いた神話、聖書、歴史の場景の装飾が保存されています。いわゆるウルバヌス8世の部屋(バルベリーニ家の所有)の絵画も有名です。

この宮殿にはパレストリーナの歴代領主たちがずっと1500年までは住んできたのですが、それからバルベリーニ家が町の下方のより快適な位置に、アッズッリにより建造されたもう一つの"別荘－小宮殿"に移転したとき(1856年)、放棄されてしまいます。ですから、20世紀初頭には古い住居は全くの無人となってしまい、ほぼ朽ち果ててしまいました。

ところが同世紀初頭に、神殿の元の構造をもできるだけ大事にしつつも、この宮殿に昔の光輝を取り戻させようという音頭を取ったのは、芸術および古物への敏感な愛好家D・ルイージ公です。D・ルイージは宮殿の修復作業を完成させるに当たり、上階の二つの広間の中に、ナイル川のモザイク(1855年の修復後にそこに配置されていました)と並んで、1800年にパレストリーナで行われた考古学的発掘の期間に同家により収集されたり、コルソ通りの小宮殿やその庭園に散在している、古い記念碑の重要なコレクションを統合させようとしたのでした。

1913年にはこうして、バルベリーニ博物館が開設され、これは実際には、現在の考古学博物館の基礎となったのです。

1930年代には、同宮殿はまたしてもそのまま放棄されてしまいます。そして、第二次世界大戦中は夥しい損傷と破壊を蒙り、とりわけ、6世

イタリアの古都 パレストリーナ

紀から7世紀にかけてのフレスコ画の天井は永久に消失してしまいました。それの修復のみならず、それの国立博物館への転換は、文化財省による宮殿のそでの獲得以後、建築家フリオ・ファゾーロにより1950年代に実行されました。

プラエネステ国立博物館は1956年に落成しました。同館では、バルベリーニ博物館にすでに収集されている発掘物のほかに、ローマのヴィラ・ジューリアのエトルスク博物館に由来するものや、今日では無くなっていますが、旧プラエネステ考古学協会によるコレクション（司教座神学校のいくつかの教室に収納されていたもの）に由来する、多くのプラエネステの物品を結集してあります。

前7世紀に遡る、カステッラーニ家、ペルナルディーニ家、バルベリーニ家の墓にあった貴重品の大半は、カピトリーノ美術館やローマのヴィラ・ジューリア博物館の中に保管されています。

古プラエネステの発掘によるほかの多くの発見物は、イタリアおよび外国のさまざまな博物館に保管されています——ヴァティカン博物館、ルーヴル博物館、ブリティッシュ・ミュージアム、等において。

発掘品は不十分ながらも、プラエネステ社会のかなり決定的な情景を想像させてくれます。露出されている断片のうちから、指摘しておくべきものとしては、暗褐色大理石による大きなフォルトゥーナ像、故人の名を刻まれた松かさ状の墓碑、青銅の祭具入れ（女性の化粧用に再利用されていました）、そして最後に、ナイル川の洪水光景を描いた大モザイクがあります。

コロンナ・バルベリーニ宮殿と考古学博物館

博物館の訪ね方

　宮殿ロビーでは、帝政時代の白大理石の、トラヤヌスの勝利を例証している大浮き彫りも鑑賞できます。これはボッチェ・ディ・ローディ地区で20年ほど前に再発見されたものでして、トラヤヌス大帝の尊敬すべき性格を記念した記念碑の一部を成していました。

第一展示室　曲がり壁に沿って、共和政時代の男女の四体の頭部を欠く立像があえいます。博物館真向かいの場所——現コルティーナ広場——で発見されたものです。栄光ある立像の土台もあります。

　アウグストゥス時代の雌イノシシを形どった浮き彫り。これはひどく細い森の中の小道で子イノシシに乳を呑ませています。F・コアレッリの研究では、このパネルはフォーラム上部（現レジーナ・マルゲリータ広場）にあったウェッリウス・フラックスの記念碑の一部を成していたようです。この記念碑の二つの浮き彫りはウィーン博物館が所蔵しています。第四浮き彫りの断片は、ブタペスト博物館が所蔵しています。

　天井には、16世紀後半と17世紀前半との間に活躍したスッカーリ兄弟が描いた、ポンペイウス様式の優美な浮き彫り画があります（同じ画家たちのその他作品に関しては、ローマの聖マルチェッロ教会と聖トリニタ・デイ・モンティ教会、フィレンツェの聖マリア教会、ヴェネツィアのドージェ宮殿をも参観されるがよろしい）。

イタリアの古都 パレストリーナ

第二展示室　棚の上には、顔をヴェールで覆った女性の五箇の墓石胸像（前3〜2世紀）があります。右手は伝統的な仕草で、チェニカから出ていて、むしろ粗野な物腰をしています。二体のひざまずいた女性像は頭部がありません。きっとプラエネステの二つの運命を崇拝する立像だったのでしょう（一体は年配婦人、もう一体は男勝りの姿をしています）。宗教的行列の折りに輿(こし)の上に載せられたものです。葬礼用の松かさ（墓があったことを示す）もあります。室の中央には、町の法務官(プラエトル)だった、C・マグルニウス・スカートとC・サウフェイウス・フラックスの古い銘入りの墓碑が置かれています。

女性の墓石の胸像

第三展示室　原初のフォルトゥーナ女神への献辞入りの器。灰色大理石立像の二個の断塊（前2世紀）。ある人はフォルトゥーナを表わしてい

コロンナ・バルベリーニ宮殿と考古学博物館

ると言い、他の人はイシス*像だと言います。胴体の上の風に打たれてなびいている衣服は、ルーヴルのサモトラケの勝利の女神（ニケ）を想起させます。戦闘場面を描いた大理石板の断片（前1世紀）。奉納用祭壇もあります。

フォルトゥーナの大理石像の断片

第四・第五・第六展示室　倉庫に収納されています。

＊　古代エジプトの豊穣の女神。

イタリアの古都 パレストリーナ

第七展示室　二つのショー・ケースがあります。一つはライオンの頭の形をした水切りの付いた、テッラコッタの建物の上張り断片。もう一つは或る神殿の装飾になっていたに違いない、戦士や、馬の行列が描かれた建物の上張り断片（前6世紀）を収めています。

建物の上張り

第八展示室　壁面の上部には、ローマ史の挿話を含むフレスコ画と、バルベリーニの紋章があります。第三のショー・ケースの中には、主にギリシャ神話や日常生活から採られた、掻き絵描写の付いた青銅鏡が収められています。このショー・ケースの中には、ほかのそれらの中と同じく、コロンベッラの古墳に由来する、若干の葬儀用具が展示されており、これらはこの博物館の全コレクションでももっとも独特な部分を成しています。格別に興味深いのは、形もサイズもまちまちな青銅の一連の祭具入れでして、これらは古代にたいそう流布していた容器の一種です。

元来は細枝でできていましたが、それから、木材、革となり、最後に青銅製となりました。これらの祭具入れは儀式の折にも（たとえば、"奥義の祭具入れ"はディオニュソス祭の秘儀で用いられました）、日常生活でも、化粧品——鏡、ポマード容器、髪針、あかすりべら、等——を入れるために用いられました。前4世紀には、円筒形の容器がもっともよく用いられており、プラエネステはそれが普及したもっとも重要な中心地になりました。ローマでは、プラエネステの職人の店から、たとえば「フィコローニ祭具」が発売されました（これはヴィラ・ジューリア博物館で保管されているもののうちでも、この種の傑作に属します）。

パリスの裁定を描いた青銅の鏡

イアソンのいる青銅鏡

中央の主要部の鋳造はたいてい引き続いて行われたが、装飾や合成作業は互いに独立した段階だったことは、装飾部分が間々、脚部の結合プレートとか、指輪の玉飾りで覆われているという事実がそれを証示して

イタリアの古都 パレストリーナ

います。興味深いのは、蓋のつまみでして、これらはしばしば側面の装飾でも見られることですが、ギリシャ造形美術に着想を得た一体ないし複数の人物（神、戦士たち、運動選手たち）から成っているのです。

青銅の祭具入れ

　第四ショー・ケースには、掻き絵入り祭具入れ付きの葬具一式、青銅の二つのかご、ガラスと雪花石膏（アラバスター）の容器、美容用の木箱、象牙の首飾りとブローチが収められています。

　第五ショー・ケースには、二つの祭具入れがあります。一つは木材と皮に装飾細工を施したもの、もう一つは楕円形をしており、蓋のつまみはブリッジをしている優美な一人の女性像でできています。四つの膚かき器（汗をぬぐう道具で、湯治場や体育場で用いられました）も収容しています。

第九展示場　第六ショー・ケースには、三つの祭具入れがあります。第一は、簡素な蓋付き。第二は、蓋の上にブリッジの典型的な姿勢で体をかがめた競技者の小像が乗っかっています。第三は、円筒形をしており、蓋の上に二人の男性像が立っています。

第七ショー・ケースには、二つの掻き絵が描かれた祭具入れがあります。その一つの蓋の上には、ネメア*の獅子を倒すヘラクレスがつまみに付いています。すらりとした姿の青年が堂々と歩いている古い小像もあります。

第八ショー・ケースには、青銅の掻き絵のある鏡が収められています。

第九ショー・ケースには、掻き絵のある円筒形の祭具入れ、歯状の二本線の付いた象牙の櫛、三人の人物を描いた或る手箱（前5世紀）の骨細工の羽目板が収められています。（中央の）ラクレスと（左手の）ヘルメスが識別できます。

第十ショー・ケースには、ケンタウロスの戦いの場面の付いた、掻き絵入りの祭具入れの、早急に作られた青銅製の四つの浮き彫りがあります。蓋の上の二人にご注目。若いサテュロスにもたれた酩酊しているディオニュソスをかたどっており、気楽さと優美さに富んでいます。アマゾン女族の戦いの場景を描いた青銅のプレート（前4世紀）は、生き生きした劇的迫力があります。

第十展示室　中央にある大きな模型（縮尺50分の1）は、原初フォル

＊　ギリシャ南東部。遺跡が存在する。

イタリアの古都 パレストリーナ

トゥーナ神殿の外観のもっともありうべき再現でしょう。背後に神殿の元の壁のゆったりした広がりがよく見えます。壁際には、共和政時代の多色舗床の断片や幾何学的な二つの大モザイクがあります。展示室の奥にある、屋根形の古い石棺の重い蓋は、コロンベッラの古墳から出土したものです。両側には、ヒョウとグリュプスが浮き彫りで表わされています。

上部全体の模型（ファゾーロ＝グッリーニによる）

第十一展示室 床面にもたせかけられている大理石のフリーズには、ルネサンス期に典型的な花と実の装飾があります。コロンナ家を象徴する柱に載っている翼のある子供の彫像は、宮殿を格上げさせて、現在では博物館の所在地になっています。フリーズの内部には、やはり浅浮き彫りの円柱があります。

この展示室はズッカリの重苦しいフレスコ画で飾られています。上部には一連のプットや旧套墨守の風景があり、より低い所には、女身像柱(カリアテイード)、男性の胸像、諸種の武具が置かれています。特に注目に値するのは、イタリア南部の古代ギリシャ植民地様式の陶器を収容する、第十一ショー・ケース、鐘、そして玄武岩の八つの断片の連続です。

第十二展示室　興味深い出土品はわけても、瓦端飾り(アンテフィックス)の断片です。第十三展示室は本部事務室に使用されています。

第十四展示室に通じる段段は、巨大なナイル川のモザイク（5.85 × 4.31メートル）を保管しています。これはポンペイのアレクサンドロスの戦闘のモザイクとともに、今日に伝わっている最大の古代ギリシャ・モザイクです。元来はフォロ・ロマーノに面した広間の奥に開いていた後陣(アプシス)（おそらくはイシス神の聖所だと同定されます）の舗床でした。

1588年から1607年にかけての、はっきりしない年に発見されてから、このナイル川のモザイクはフェデリコ・チェージにより検討されました（水をふんだんに撒布して、その色づきの画像を見分けようとしたのでした）。アカデミア・デイ・リンチェイの創始者の彼は、アルテミシア・コロンナとの結婚の機会にパレストリーナにやって来たのでした。チェージは画家カッシアーノ・ダル・ポッツォに対して、作品のコピーを18枚の板で作成するよう注文しました。それから約10年後に、このモザイクはアンドレーア・ペレッティ枢機卿（1624年から1626年にかけて

イタリアの古都 パレストリーナ

同町の司教でした）により買収されて、分離され、正方形の断片に細分されて、全部というわけではありませんが、ローマに移されたのでした。

ナイル川のモザイク

ナイル川のモザイク細部

コロンナ・バルベリーニ宮殿と考古学博物館

　1640年にはパレストリーナの新枢機卿フランチェスコ・バルベリーニがこのモザイクをプレゼントとして入手することに成功し、これをジョバン・バッティスタ・カランドラにより修復させました。それから、彼はパレストリーナに再び戻されるように命じたのでした。でも移転の間に、このモザイク作品はひどく損傷を蒙ったために、またしてもカランドラにより、（カッシアーノ・ダル・ポッツォの行った板絵に助けられながら）修復されなくてはならなかったのです。

　1853年から1855年にかけて、このモザイクはフランチェスコ・バルベリーニ公の意志で新たに入念な修復にかけられ、カヴァリエーレ功労賞佩勲者のジョヴァンニ・アッズッリによって実現されたのでした。

　第二次大戦後、ローマの文化財保護官サルヴァトーレ・アウリジェンマとグッリーニ教授がこの作品に対して入念な検討を行って、修復ないし改変された部分と元の部分とを区別することに成功しました。こうして、わけても関係の問題、つまり、明らかに現代に再建されたモザイク部分（ポールの下の宴会をかたどっている下の中央に位する部分）と、ベルリン博物館に保管されている同じポールの第二の部分との間の関係の問題が提起されたのです。グッリーニの見解では、ベルリンの所蔵部分が本当のオリジナルであると言われています（同所に保管されるに至ったのは、とりわけ18世紀に起きた複雑なあれこれの出来事によります）。これはナイル川の洪水の折りのエジプトについての一種の大きな透視図なのです。

　マルッキによれば、このモザイクのナイル川主題が暗示しているのは、

イタリアの古都 パレストリーナ

ナイル川モザイクの細部

イシスのようなエジプトの或る神と、プラエネステで崇拝されていた原初フォルトゥーナ女神との間にある緊密な関係らしいです。ロマネッリによれば、逆に、この仕事の着想源は（エキゾチックで童話的な時代と考えられた）エジプトの雰囲気がローマ人たちの空想に及ぼしていた大いなる暗示なのだとされています。

　同モザイクの上の部分がかたどっているのは、上エジプトの風景、人物、特殊アフリカ的な動植物です。風景が主きを成していて、そこではナイル川が切り立つ岩石、野獣や狩人の活躍する起伏や茂みが多い地面の間を流れています。どの動物にもそれぞれの名前が付いています。ただしこれらの名前は、一部はすでに古代から見られた言語上の周知の変化や乱れにより、また一部はモザイクが蒙った多くの——必ずしも正確ではなかった——修復の介入のせいで、解読できる場合は稀になってい

ます。

　動物たちの形態にしても、しばしばはっきりと変えられています。その幾つかはアフリカ動物相の検証を欠いた、純粋な空想部分のように思われます。

　モザイクの下の地帯が表わしている動物たちの形は、奇怪ながら、より現実に近く、より同定可能なものとなっています。さらにほぼ中央の位置に見られるのは、先述のポールの下の宴会光景でして、これはカノーポス*の運河沿いでセラーピス**を祝ったみだらな祭を呼び起こしてくれます。ティヴォリのハドリアヌスの別荘にある"カノーポス"の都市との主題上の明白な結びつきが現われています。

　そのほかに際立つものとしては、兵士たちがその下で或る儀式を祝っているゆったりした天幕付き円柱のある神殿、傍に二本のオベリスクと流量測定の井戸を備えたもう一つの神殿、パピルスの茎で出来た小屋（その上ではコウノトリが巣作りしています）、その他質素なもしくは立派な、堅固もしくは壊れかけた、さまざまな建物、エリア、広場、草木、シェロの木、戦闘用の船、猟師や地位のある旅人たち用の舟、農耕・狩猟・養育・魚労の光景があります。

　この作品はどう見ても、元の絵画を（今日なら"印象主義"と定義されるところでしょう）古代人たちの"要約的な"代表的形式にモザイク師が転化したものらしいです。生き生きした、色彩も多様で力強い、こ

---

*　古代エジプトのナイル河口付近の都市。
**　プトレマイオス朝時代のエジプトの神。

のモザイクの大作がかもす美的効果は疑いありません。明白な価値を持たせるとの観点から、素晴らしく練り上げられているのです。

　グッリーニ（およびロマネッリ）によりますと、このモザイクはスラの時代に帰せられるとのこと。イタリアの作者によるのか、アレクサンドリアの作者によるのかは不明です。

　正面のショー・ケースの中には、青銅およびテッラコッタによる建築上張りの残骸（多色彩色の痕跡あり）が収められています。

　上述の物品に加えるべきものとしては、1982年にプラエネステの人ペッピーノ・トマッシにより国家に寄贈された「トマッシ・コレクション」があります。これははなはだ貴重な発掘品から成っているのですが、残念ながら、今なお博物館の倉庫に放置されたままです。新たな展示室を至急開設して、このコレクションが、然るべく展示されることが待たれます。

考古学博物館およびフォルトゥーナ神殿への見学時間

11月、12月、1月、2月　　：時間 9：00 ～ 16：00 まで
3月、10月　　　　　　　　：時間 9：00 ～ 17：00 まで
9月　　　　　　　　　　　：時間 9：00 ～ 17：00 まで
4月　　　　　　　　　　　：時間 9：00 ～ 17：30 まで
5月　　　　　　　　　　　：時間 9：00 ～ 18：30 まで
6月、7月、8月　　　　　　：時間 9：00 ～ 19：30 まで

ブルーノ・コアリ

大　聖　堂

大聖堂正面

聖アガピト──伝記の要約

　パレストリーナ大聖堂は、同市の守護者、殉教者の聖アガピトに献じられています。アガピトはプラエネステの貴族の家系に生まれ、ローマに在住して、同地で法学研究を修めました。ところが皇帝アウレリアヌス（214頃～275；在位270～275）が支配していたとき、キリスト教を信奉したため、15歳になったばかりのときに逮捕されたのでした。

　『使徒行伝』（acta sanctorum）の伝えるところでは、この若者はそれから故郷の町プラエネステに移されたようです。ユピテル神殿において信奉する宗教を公けに棄教させるためでした。ところがアガピトは甘言でも好意でも翻意しなかったため、プラエネステの円形劇場──最近の研究では「アルコの丘」地区にあったようです──にて、有罪判決を受け猛獣に（ad bestias）むさぼり喰われることになりました。

　奇跡的にもライオンどもから見逃がされたアガピトは、前274年8月8日に斬首されました。その場所は今日、隠れ家ないし天使たちの聖母小教会の建っている辺りだったようです。若者の遺骸はキリスト教徒たちにより集められて、クワドレッレ地区の付近で埋葬されたのでした。

　この殉教者の威厳ある行動、勇気の証し、弱年は人びとの心を特別に打ちましたし、こうしてアガピトへの崇拝は拡まり、伝承されたのでして、それは今日に至るまでずっと続いているのです。

　それで5世紀になると、アガピトにはパレストリーナ聖堂が献じられることになり、同市の真ん中にあった先在の異教の頑丈な建物の構造を

活用してそれは実現されたのです。

異教の神殿

　昔の建物である、凝灰岩の平行六面体の塊でできた長方形の広間は、元来は市民の使用に向けられていたようです。そのことは、当時にはよく知られていた日時計がファサードにあることで確かめられるでしょう。つまり、これが宗教用の建物に設置されたとは考えられないのです。古い日時計の痕跡は聖堂正面の上に今日でも見て取れます。とはいえ、この問題は今なお論議されており、人によっては、この建物が崇拝の場所だったと指摘されており、より正確には、ある人びとによると、幼いユピテルに献じられた神殿であり、ここに若きアガピトがその信仰を放棄するよう連れ出されたのだというのです。

　どうみても5世紀頃、つまり、キリスト教の聖堂と同時代に、物理的に近接して、もう一つさらに、プラエネステ司教館の本部がまさしく古い公金保管所の上に建造されたようです。その正面は今日、現マルゲリータ王妃広場の北側を閉じるそでとなっております。

聖アガピトの移転

　898年に、聖アガピトの遺骸は聖堂の中に安置されました。武装ギャングの絶え間ない侵入により、クワドレッレ地区が脅かされたため、町

の城壁外にあるこの場所で聖者を崇拝したり尊敬したりすることがもはや不可能になったからです。

　この移転は記憶に残るほど民衆の歓声とともに行われました。この機会に聖者の遺体は主祭壇の下に安置されたのです。

　このキリスト教の聖堂は1100年初頭まで元来の形と構造を保っていたのですが、この時代にプラエネステ司教は並外れた精力と見識のある人物だったため、それを拡張することに決めたのです。そこで、二つの側廊が建造され、先在した本堂とつながった広い筒型丸天井が開かれたのです。しかも元の建物はすっかり変えられて、異教の聖堂だった個所の一部を占めるだけになり、そこでは主祭壇と後陣(アプシス)のある内陣ができ上がったのです。さらに、鐘楼が建てられ、聖堂の正面にはティンパヌムが飾り付けられました。内陣の下には高さ約2メートル、面積約100平方メートルのクリュプタが作り出され、そこに聖アガピトの遺骸が安置されました。仕事が完成すると、法王パスカリス2世はこのように修復成った聖堂の奉納式を挙行しようとしました。西暦1117年12月16日のことでした。

　それに続く数世紀はパレストリーナの歴史でもっとも暗くて悲劇的なものでした。同市の領主コロンナ家と、法王庁との権力闘争のあらゆる余波を蒙ったからです。

　たとえば、1298年には町はボニファキウス8世の戦火で荒廃させられました。でも幸いなことに、少なくとも聖堂だけは大事にされて、狂気の破壊から救われたのでした。続く数年間は、コロンナ家が幸運を取

イタリアの古都 パレストリーナ

大聖堂の鐘楼（12世紀）　　　　聖アガピト教会（中央身廊）

り戻して、比較的平穏な時期を可能にしましたし、同家は一定数のプラエネステ人を活用して、町を再建させました。ところが、一世紀半後には別のさらに重大な不幸がパレストリーナを打ちのめすことになるのです。それの張本人となったのは、法王エウゲニウス４世（1383〜1447、在位1431〜47）の軍隊司令官、枢機卿ジョヴァンニ・ヴィテッレスキ・ディ・コルネートでした。彼は冷酷にも、当時法王と対立していたコロンナ家のあらゆる主導権を出し抜くために、同市を根底から破壊しようと決めたのでした。

聖堂の破壊と再建

　1437年3月、立ち退きのために七日間の猶予を市民に与えてから、ヴィテッレスキはパレストリーナの徹底的な破壊を敢行しました。そして今回は聖堂は破壊の狂気から守られませんでした。町の城塞や家並みは倒壊され、鐘はむき出しにされ、鐘楼はほぼすっかり破壊されました。聖堂の入口の大理石の側柱や扉は抜き取られましたし、聖アガピトの遺骸そのものもコルネートに運ばれました。パレストリーナは跡形もなくなくなってしまったのです。

　この罪悪行為に対する文化界・宗教界の怒りは大きかったものですから、法王エウゲニウス4世はそれから間もなくこの行為から離反するために、ヴィテッレスキを裏切りの科で逮捕するよう命じ、そのため彼はサンタンジェロ城に連行され、捕縛の折に負うた何らかの傷のせいでほぼ突然死してしまいました。

　コロンナ家と俗権との関係が変化して、同市はゆっくりと立ち直っていきました。大聖堂の再開の確実な日付は分かりませんが、レジーナ・マルゲリータ広場の入口の門の傍にある墓碑銘から推察されるように、それは1456年以前のことに違いありません。16世紀から17世紀にかけて、大聖堂は拡張され、二つの礼拝堂——聖体のそれとコロンナ家のそれ（両方とも左身廊からの入り口があります）——が新たに付設されました。大聖堂は18世紀に修復されました。

　引き続いて1839年には、主な入口に呼応して、正面の大半を隠す突

イタリアの古都 パレストリーナ

出部ないし長い開廊が建造されましたが、これは1957年に再び日の目を見ました。ですから、今日の正面玄関は元の聖堂のままでして、有名な日時計の痕跡や、コノーネ司教の時代に付加されたローマ風の傑出した装飾要素が残存しているのです。

天井と後陣(アプシス)

正面がひどく魅力的なパレストリーナ聖堂は、内部も同じく魅力があ

聖アガピトの殉教（カルロ：サラチェーニ画）

ります。建築家コスタンティーノ・シュナイダーの設計で実現した明るい天井はラインが優美で調和しています。教区の保護聖人たちが窓の間に描かれており、他方、中央身廊のフリーズでは、15世紀までのプラエネステの歴代司教たちが大型メダル（額縁）の中に描写されています。

聖堂内陣と後陣（アプシス）のF・ブルスキのフレスコ画や、とりわけ、壁の奥の『聖アガピトの殉教』は際立っています。この絵の両側には、1117年の聖堂献堂式と聖アガピトの遺骸の移転が再現されています。

両側の礼拝堂とフレスコ画

聖体拝領の礼拝堂には、両側の壁画にブルスキのもう二つのフレスコ画がありますし、コロンナの礼拝堂では16世紀中葉のジローラモ・シチョランテ（セルモネータ）（説教師と言われています）の板絵——聖母と聖ロレンツォとに見取られた十字架上のキリストを表わしています——とか、祭壇前部のモザイクの装飾に注目すべきです。

さらに、歎きの聖母の礼拝堂にあるブルスキの美しいフレスコ画や、洗礼堂の中にある、イエスを象徴する説教師（セルモネータ）のもう一つの絵にも留意するのがよいでしょう。とりわけ興味深いのは、聖アガピトの殉教を描いた、17世紀のヴェネツィア人カルロ・サラチェーニの絵です。これは左身廊の奥の、煉獄の魂の礼拝堂の側壁に置かれています。反対側の壁には、二頭のライオンに囲まれた聖アガピトを描いた、同時期のアンドレーア・カマッセイの絵もあります。

サラチェーニの絵は 1957 年に、「17 世紀西欧美術展」で展示されまして、この折にもっとも評価された作品の一つです。

最近では 1978 年に、同じ年に、同じ身廊の中に、ミケランジェロのピエタ像の最近のコピー（本物はフィレンツェのアッカデミア美術館が所蔵）が置かれました。

聖アガピト崇拝

聖アガピトはローマで崇拝されておりまして、当地では古代ローマの暦の中に出現しているほか、プラエネスタ地区の一教会はこの聖者に献じられてきました。イタリアでは、この聖者への崇拝はさらに、マッジョーラ（ソヴァーラ）、サン・アガピト・デル・モリーゼ、パルマ（ここの大聖堂では、聖者に一つの祭壇が献じられています）、そしてタルクイニーアでも残っています。

外国では同じ聖者はフランスにおいて、ブルゴーニュ地方のブザンソンや、リヨンの大聖堂で崇敬されています。ドイツや、オーストリアのクレスミュンスターでも崇敬されておりまして、ここには聖者の遺骸の大半が安置されているようです。スペインでは、かつてパレストリーナ司教だった枢機卿ルドヴィーコ・ポルトカッレーロのおかげで、トレドの首都大司教座聖堂で崇敬されています。

G・シチョランテ（説教師）画
『聖母と聖ロレンツォとに見取られた
十字架上のキリスト像』

G・シチョランテ（説教師）画
『聖アガピト』細部

ガエターノ・アレッツォ

パレストリーナのジョヴァンニ・ピエルルイージ

パレストリーナのジョヴァンニ・ピエルルイージ
(ローマのカサナテンセ図書館所蔵の肖像画)

パレストリーナのジョヴァンニ・ピエルルイージ

伝記要約

　ジョヴァンニ・ピエルルイージ（"ジャンネット"）は 1525 年頃パレストリーナに生まれました。早くから音楽への才能を発揮して、そのためにローマの聖母マリア大聖堂の"少年合唱団"に加わることになります（1537 年）。1543 〜 44 年には、パレストリーナの聖アガピト大聖堂付属合唱団のオルガン奏者兼指揮者になり、当地で数年後にはプラエネステ人ルクレーツィア・ゴーリを娶りました。

　パレストリーナ司教ジョヴァンニ・マリーア・デル・モンテ（ユリウス 3 世）が法王になると、ピエルルイージは同法王により、ジューリア礼拝堂の聖歌隊指揮者に任命されます。1555 年には、法王礼拝堂の聖歌隊指揮者になりますが、法王パウルス 4 世（俗名ジャン・ピエトロ・カラッファ、1476 〜 1559。法王在位 1555 〜 59）により、間もなく解職されてしまいます。結婚した人物は、そういう職務にふさわしくなく、ましてや終身年金として当時受け取っていた給料を受け続けるのにふさわしい人物とは考えられなかったからです。ピエルルイージはその後はまずラテラーノの聖ジョヴァンニ教会で、次に聖母マリア大聖堂、さらには新設のローマ神学校で"礼拝堂聖歌隊指揮者"（magister cappellae）の地位を見いだしていくことになります。1565 年には、法王礼拝堂に部外協力者（"作曲家"）として再任されます。まさしく同年に作曲された素晴らしい感動的な「マルケルス法王ミサ曲」がそういう再任と無縁ではおそらくなかったでしょう。この曲を聴くと、言い伝えられた伝説

イタリアの古都 パレストリーナ

では、多声音楽からのありべき宗教的機能の放逐なる説に対抗しうる決定的証拠に、法王にはなったらしいのです。この措置は、パウルス4世やトレント宗教会議に集まった多くの高位聖職者たちにより、とりわけ聖典がこれらについて練り上げられた複雑な楽曲のせいで不可解になっていたせいで、提案されたものでした。

　引き続き、われらが主人公が枢機卿エステの2世イッポリトと、マントヴァ公グリエルモ・ゴンザーガとに同時に仕えるのを見ることになります。ウィーンの王室からも、要請されるでしょうが、肯定的な回答はなされませんでした。彼が途方もない謝礼を要求したからです。彼の長い生涯には、夥しい個人的・家族的な深刻な問題が襲いかかります。1572年から1580年にかけては、二人の息子（両人とも孫のようなものでした）と妻ルクレツィアは悲劇的な帰結に終わりはしないでしょう。ピエルルイージはこういう件で別の生き方を要求する運命ないし永遠なるもの（神）の徴を突き止めるのです。そして、このことから彼が宗教的誓約を行おうとする唐突な決心（1580年）は説明できるでしょう。

　ところが、さらに奇妙なことに、突然意志を変えて、彼はしばらくすると裕福な毛皮商ヴィルジニア・ドルモーリと再婚することになるのです。この結婚はそれまでパレストリーナのほぼすべての生活において広く見られた絶え間ない経済的問題を決定的に解消することになるでしょう。実際、われらが主人公はその最初の礼拝堂聖歌隊指揮者としての経験以来（自分自身以外に）家族たちを安心させるための持続的繁栄や、ローマの大聖堂からの彼に支払われる僅かな給料よりももっと豊かな報

パレストリーナのジョヴァンニ・ピエルルイージ

パレストリーナのジョヴァンニ・ピエルルイージ記念碑（A・ゾッキ撮影）

酬を頑強に探し求めることに絶えず身を乗り出しているように見えるのです。さまざまな種類や結末を伴うことになる多くのものには、われらが主人公がローマとか、故郷パレストリーナとかで行った、不動産およ

び投機上の商取り引きがあります。死亡時（1594年）には、彼の相続財産はかなりの裕福さに到達していましたから、満足すべきと言ってかまわなぬ人物のそれに等しかったと言ってよいでしょう。

彼の葬儀には、友人、弟子、聖職者、音楽家、歌手、ファンから成る感動的な集団が加わりました。大いなる師匠に予期されるほどの盛大さでした。

楽曲の特徴

1554年の『ミサ曲第一章』からして、すでに著しく技巧・様式ともに成熟を示しております。ローマで作曲していたフランドルおよびフランス‐フランドルの楽匠たちの音楽からインスピレーションを得て形成されたものでありまして、ピエルルイージは彼らと夥しい職業上の関係を結んでいたのです。同様の芸術的成熟という判断は、1555年に発表された世俗的主題のマドルガル集に対しても下せます。引き続き、われらが主人公はこの機会に世俗的主題へ大いなる感性を発揮したことへの償いをして、聖書から採られた本文に基づき構成された、とにかく精神的で高級な調子の新しいマドリガル集を発表することになります。こういう重要な刊行物には、同じピエルルイージ本人もしくは専門の（ローマ、ヴェネツィア、ドイツ、フランドルの）編集者たちにより監修された多くのものがほかにも続刊されることになるのです。そしてパレストリーナの楽曲は特殊な音楽形式（"ジャンル"）に献じられた名品集とし

て、ほかのイタリア内外の作曲家たちのそれと一緒に刊行されるのです。こうして、パレストリーナの荘厳な楽曲が普及していくのです。その特長はほかの夥しい作曲——哀歌、連祷歌、賛美歌、"聖母マリア頌歌"（マグニフィカト）、奉献歌、世俗歌〔マドリガーレ〕、モテット*——のみならず、何百という"ミサ曲"（Missae）にあったのです。

　ピエルルイージは信仰篤くて誰もが認める高い精神の持ち主でした。そのことは彼の楽曲が示しています。もっともこのイメージとは若干食い違いが指摘できるかも知れません。その芸術外の生涯では、現世の財産にひどく拘泥していたからです。他方、こういう類の矛盾は文化史上によく見られるものなのです。ですからマッシモ・ミーラ（Massimo Mila）がパレストリーナ音楽は「宗教感情との深くて心からの親密性に鼓舞されている……魂の風景、敬虔と信仰の全く内面的な風景、これこそがその芸術を発芽させている地盤なのだ」と主張するとき、私どもはこれに同意するものです。

　その音楽の忘我の有頂天にあっては、ピエルルイージはすっかり自失して、彼を超絶するかに見え、また宗教的な崇高な霊感と一体化しうるような力で生気づけられた従順な道具へと変貌するに至っております。なにしろその強力かつ堂々たる調和した構成上の推進力は、ひとりでに音響素材を威圧しているように見えますし、対位法と遁走曲〔フーガ〕の驚くべき織物はバッハの到達しがたい名人芸の立派な序曲となっていますし、平和な優しさは、超自然的な泉から、その作曲へと表われ出るに至ってい

＊　聖書中の章句などに曲を付した多声楽曲。

イタリアの古都 パレストリーナ

るからです。

　ピエルルイージは多声音楽(ポリフォニー)の原理と技巧の成果を最高に導いています。それも、音楽の大きな仕組みや広大な主題に関してだけではありません。むしろ、リーノ・ビアンキ（Lino Bianchi）も指摘しているように、このパレストリーナ人は音楽固有の話法を繰り広げるために、「それを無限に自由なやり方で砕いている。構成の各断片に……構成の各契機に、文字通りすべての音符に意味を付与しなくてはならぬ、という絶対の必要に迫られた」からです。こうしてすべての音符が「完全な表現世界」になり、「……各音符が天空を繰り広げている」ことになるわけです。

　ピエルルイージはですから、音楽芸術の頂点、真の「音楽の大御所」なのです。でも、彼の人柄のほかの局面も無視できません。それは信心家のふるまいとは別に、教会の指示条文に反しても、聖典の明瞭さより音楽の美を絶えず優先させたり、世俗音楽的な主題から自由に着想を汲み上げたりしていることです（そういうものを放棄したと公言した彼でしたが）。最後に、忘れてはいけないこと、それは彼が示した完璧な芸術の見本による、音楽の伝統の続行への貢献です。これは――彼が居なければ――きっと新しい反宗教改革の禁制は突如断たれてしまったことでしょう。でも、そういうことは起きませんでした。音楽にも宗教精神にも幸運なことでした。

　パレストリーナでは、ピエルルイージの音楽伝統は今日でも多声音楽合唱団「パレストリーナ市」や「ジョヴァンニ・ピエルルイージ」財団により生かされ続けているのです。

ペッピーノ・トマッシ

旧市街の観光ルート

　大陽の門──聖母マリア・デリ・アンジェリ広場──アニチア通り──レジーナ・マルゲリータ広場──トーマス・マン通り──ボルゴ通り──カルミネ広場──カルデライ通り──大聖堂通り──コルティーナ広場──聖十字架門──メルリ通り──聖フランチェスコ通り──聖ビアジョ通り──ローマ通り──ピエルルイージ通り──レオナルド・チェッコーニ通り──解放広場──君主公園──アルチョーニ通り──アオスタ公大通り──ヴィットーリア大通り

旧市街の観光ルート

太陽の門 (G7)

　古い巨大を積んだキュクロプス式城壁の塊の近くにある門。傍のローマ城壁が町を閉ざしていました。この門は1642年に造られたもので、名称の由来はアーキトレーヴに見て取れる領主バルベリーニ家の紋章から来ています。貨物自動車の通行ができるように、東の壁を破壊したり、若干修復作業を施したりしたため、この記念建造物の調和した概観は歪められてしまっています。

聖母マリア・デリ・アンジェリ広場 (G6)

　この広場の外観は第二次世界大戦後、17世紀の尼僧ファルネジアーナ修道院や、(この広場の名称になった) 聖母マリア・デリ・アンジェリに献じられた付属教会が壊された結果、元の姿とは一変してしまっています。注目すべきは、西側の多角形の壁と、北側のいわゆる"モナケッレ"(若い修道女たち) 門です。後者も1642年に造られたのですが、すっかり復元されたものです。

アニチア通り (F6)

　名称の由来は、前126年頃ローマの高い官職に就いていたプラエネステの名家によるものです。

イタリアの古都 パレストリーナ

太陽の門

レジーナ・マルゲリータ広場

旧市街の観光ルート

　この通りの右側の始まる所には、古いプラエネステの城壁の名残りがあります。これは1889年に通りの整理作業中発見されました。左側の通りの一つを横断して行きますと、「カサッチェ」地区に入れますし、そして中世の家並を眺めたり、1587年に建立され（引き続き、1624年に拡張され、1773年に美しく装飾され）た聖ジローラモ教会を訪れることもできます。

　ピエルアントニオ・ペトリーニ（パレストリーナの史家）通りを歩いて行きますと、ガリバルディ広場に到着します。ここはこの将軍とその参謀本部が1849年、政府文書局ビル内に受け入れられた場所です。このビルは今なお現存しており、記念の碑板が付いています。

司教座神学校の外観

レジーナ・マルゲリータ広場（E6）

　パレストリーナが都市として発展する中で、1856年にはこの広場の中心に位置する、いわゆる"島（イゾラ）"を形成していた若干の家が取り壊されました。そして1921年には、もっとも著名な市民で、多声音楽の大御所たるジョヴァンニ・ピエルルイージへの記念碑が、アルマンド・ゾッキの彫刻により、設置されました。

──殉教者聖アガピト大聖堂（75頁参照）

──司教座神学校

　この建物は司教管区として同市のフォーラムに面していた大聖堂の傍の、古代の公金保管所の残骸の上に建てられたのですが、枢機卿G・スピネッリにより変更させられ、1753年には、彼はここに修道院神学校、司教総代理書記官房、裁判所を移転したのです。

　正面にはコリント式柱頭の付いた四本の円柱が際立っています。実際には、そこに現存するのは枢機卿アントニオ・バルベリーニ・ジュニアにより1660年に建設された司教区の小神学校だけです。

──公金保管所（E6）

　公金は凝灰岩を四角にして作られたこの部屋で保管されました。ドーム型ヴォールトがあり、外部からは格子で閉じられていました。壁面に

刻まれた銘では、「造営司ルチオの息子アニチオ・バッソ氏とメルシエイオ氏が公金保管所を建設させた」と記しています。

実際にはそこには若干の考古学的発見物があります。20世紀初頭にプラエネステ考古学協会により収集されたものです。その中でも注目すべきは、付近で発見された小さいオベリスクの残骸です。

——大聖堂（E5 – E6）

今日では修復のため閉鎖されていますが、板石を張った付属神学校内の広大な広場では、古代都市の市民聖堂の厖大な遺跡を目撃することができます。この聖堂には三つの身廊があり、二層の柱廊がその先に伸びていました。その一部はドゥオーモの後方部分に組み込まれているのが見られます。

山を背にして、"乱石積み"の高い壁が三面から高く聳える大聖堂を守る隔壁となってます。大聖堂の側から進んで行きますと、左手にはいわゆる「幸運の洞窟」に行きつきますが、これは実はニンフェウム（ニンフを祭った神殿）でした。また右手ではもう一つのニンフェウムがこの公金保管所の上に聳えています。

——右手のニンフェウム（E5）

司教館の正面の中に組み込まれながら、三層のファサードでよく保存されています。内部では、奥に後陣（アプシス）を備えた初期キリスト教建築（バジリカ）風の広間が見られます。舗床には、ここで17世紀に発見された

ナイル川の有名なモザイクがありました（現在では博物館に収められています）。

——左手のニンフェウム：いわゆる「幸運の洞窟」（D5）

一般にこう呼ばれているのは、かつて有名な幸運の女神の至聖所の一部だったと信じられているからです。

トーマス・マン通り

これは天然の岩石に掘られた洞窟でして、三つの凹みに分かれています。舗床はモザイクを施されていましたが、その大半は破壊されました。「魚のモザイク」と呼ばれており、前2世紀末にまで遡るものです。1869年に考古学者ピエトロ・チチェルキアにより発見されました。

――ウェッリウス・フラックスの暦
　この著名な学者の重要な記念碑は広場のピエルルイージ記念碑の右手地下に置かれていて、見えない状態になっています（入口はそこにあるマンホールからです）。これは、大理石の板石に彫られた暦を含むエクセドラ（座台）、噴水盤、ウェリウス・フラックス像から成っていました。

トーマス・マン通り（E6－F6）

　レジーナ・マルゲリータ広場から始まる階段が、神殿の二階に通じています。そこを出て左手に見つかる最初の建物は、法王時代の古い裁判所のビルです。まさしく信仰に照らされ裁き(かたど)を象っているフレスコ画は、ファサードの上の部分に今なお見てとれます。
　階段の第一段の端の最初の段丘には、「異邦人用宿泊所」が置かれていたビルが見つかります。これは1944年1月22日の空爆で全壊され、その後再建されましたが、用途は変えられたのでした。1897年に、ここにハインリヒ・マンとトーマス・マン兄弟が滞在しました。彼らはここで周囲のパノラマや風景を眺めて『小さな町』や『ファウトゥス博士』

イタリアの古都 パレストリーナ

ボルゴ通り

を書くための着想を得たのです。

ボルゴ通り（D5 － E5 － F5）

階段を登りつめるとボルゴ通りに出ます。そして最初に出くわすのは噴水場です。水は4マイルの地下道を通って達したものです。カステル・サン・ピエトロ・ロマーノをカプラニカ・プラエネスィーナに結びつけている道路の東にある、"カンヌッチェタ"森の自然な小盆地より、「途方もない費用と、骨折りと苦労とで」すっかり山の下の岩石を掘削した結果なのです。水道を通したローマ人たちは、町に供給するのが目的で

したし、このことは歴史家ストラボン（前60～前20）もほのめかしているようです。これを再興したのは領主フランチェスコ・コロンナでした。

　道路を歩き回ると、当初のフォルトゥーナ神殿の壮大さが感知できます。実際、多角形の壁が壁そのものと垂直に切り取られた岩場と交互になっており、その基礎を成している二つの上昇階段は神殿の中心へと通じているのです。注目すべき素晴らしいパノラマがこの通りから見えます。南東に見えるのはレピーニ山とアウソーニ山です。南西の平原の端に見えるのは、アルバーニ山です。南方には海が延びており、そこには霞（かすみ）がなければ、ポンツァ島も見えます。

　現在の道になっている地区は、1944年の空爆で全壊された所です。

カルミーネ広場（C4）

──使徒聖アンデレ教会と修道院（C5 − D5）

　創設は1451年に遡ります。「鞭の修道会（または「はりつけ刑の修道会」）により、公営質屋（抵当銀行）と病院と一緒に併設されました。1622年に、不動産は修道院に変えられ、1638年には、フランチェスカ・ファルネーゼにより聖女キアーラの戒律を採用する修道女たちが占有するようになります。1639年、この修道院はカプチン修道会士たちに与えられて、1722年までここに住みました。ところが同年、枢機卿フランチェスコ・バルベリーニがそこに聖アウグスティヌスの戒律に基づく

イタリアの古都 パレストリーナ

聖アントニオ教会

幼子イエス・キリストの修道女会を設立するのです。この教会は貴重なスタッコ細工で飾り立てられておりまして、小さいながら、修道女たちの信仰により守られております。(訪問に当たっては、修道院門衛に問い合わせて下さい)。

——修道士聖アントニオ教会 (C4)

カラメル会修道会*総長、プラエネステ人セバスチャーノ・ファント

---

*　聖ベルトルドが、13世紀にパレスティナのカラメル山の隠遁者たちを結集して創設した修道会。

ーニは、1450年建立の古い教会の取り壊しを命じ、1620年にフランチェスコ・コロンナの大規模な出資を得て、オラツィオ・トゥッリアーニの設計で現在の教会を建てさせました。落城は1626年のことです。

　やっと1802年になって教区教会に格上げされたときには、たった一つの身廊と六つの礼拝堂から成っていました。祭壇の大理石や上張りの大理石は異教時代のセラーピス*に由来するものです。ジョヴァンニ・マンデッリの彫刻したクルミの木の内陣は18世紀のものです。注目すべきは、イバラの冠をいただいたキリスト（エッケ・ホモ「この人を見よ」）の木製胸像や、1688年にベラルディーノにより描かれた修道士聖アントニオの肖像画です。祭壇上にはカルミネの聖母を金地に象(かたど)った16世紀の木製イコンがあります。

——町立図書館（C4）

　カルメル会修道会修道院内部に置かれており、入口は教会の横にあり、日曜以外に毎日開館されています。

　神父セバスチャーノ・ファントーニにより信者たちのために開設されましたが、それからフランチェスコ・コロンナや、枢機卿フランチェスコ・バルベリーニや、ウルバヌス8世により増強されました。現在6千冊所蔵しており、はなはだ貴重なものもあります（文学・科学・哲学・歴史関係）。羊皮紙に書かれた交誦聖歌集は極美なものです。もっとも豊富なのは「地方文庫」でして、ここにはパレストリーナに関する夥し

---

*　エジプトのプトレマイオス朝時代の神。

い書籍、研究、刊行物の原本や複写が集められています。

鋳掛け屋通り（C4 － D4）

　聖アントニオ教会を後にし、その横に沿う小さい通りを後にして、右手に回りますと、狭くて険しい大階段の前に出ます。そこに面してかつては鋳掛け屋職人の工房がありました。銅細工がここで少なくとも14の工房で行われていましたし、ハンマーのゆっくりしたリズミカルな一撃で、金属が造形されて有名な銅製のつぼを創り出していたのです。これらのつぼは陽光に照らされて、通りに異様な輝きを発していました。今日では沈黙が漂っているばかりですが、過去を偲ぶためには、閉ざされた労働者たちの扉や、壁に打ち込まれた釘が存在しています。

神殿通り（D4）と神託広場（E4）

　大階段が険しい道に通じており、そして二曲りしますと中世の扉口（ポルターユ）に出ます。これは激戦のせいで破壊されてしまった、昔の邸宅の唯一の残骸です。その下を通り過ぎると、神殿の一番下の表面である、神託広場に到達します。

──聖女ロザリア教会（D4）

　これはパレストリーナの教会の間でも宝ものです。領主マッフェオ・

ピエタ像　　　　　　天使（カメッテイ撮影）

　バルブリーニにより建設され、1660年11月7日に聖女信仰に開放され、聖女への感謝から命名されました。それというのも1656年から1657年にかけてラティウム（ラツィオ）一帯に猛威を振るったペストが、プラエネステ人たちを襲いはしなかったからです。

　バロック様式で、フランチェスコ・コンティーニの作品です。大理石とスタッコ細工がふんだんに施されています。彫刻はベルナルディーノ・カメッティによります。祭壇上の布はフランチェスコ・レアーリによるもので、聖女がパレルモを悪疫から保護している所を象っています。入って右手にはローマ長官でパレストリーナ司教ウルバヌス8世の甥タッデオ・バルベリーニ（1647年パリで没）の墓があります。ここに安

置されたのは1704年のことでした。

　聖具室のほかにもバルベリーニ家の霊安所があり、ここのニッチには、「パレストリーナのピエタ像」が置かれていました。このピエタ像は一説では1547〜55年の間にミケランジェロ・ブオナッローティにより彫られたものらしく、また異説では1550〜59年にかけて彫られたらしいです。ムッソリーニにこれを贈り物にすべく或る船主に買い取られてこの「ピエタ像」は1938年11月26日にパレストリーナを出発しました。まずは短期間ローマに留まりましたが、「イタリア鉱物自治経済展」に出品されました。それから、フィレンツェへ送られました。フィレンツェでは今日でもアッカデミア美術館に所蔵されています。1977年10月3日からは、模造品が聖アガピト大聖堂の中に収められています。地方農業および職人金融公庫により融資を受けて、町民委員会で発議された結果です。

──**神殿**（41頁参照）

──**国立博物館**（表紙カバー参照）（E4）

──**バルベリーニ邸宅**（表紙カバー参照）（E4）

旧市街の観光ルート

聖十字架門（G4）と狭間通り（E3 － F3 － F4）

博物館を出たならば、左手の通りを辿ってみるだけの価値があります。数歩で中世の門に到着できます。最近復元されたものですが、アーチの上には刻銘があり、サンタ・ルチーアから外壁(コルティーナ)にかけてのこの道路が

サンタ・クローチェ門

1593年に車道になったことを読み取れます。博物館のほうを振り返ると、右手に見えるのが狭間通りです。この階段はパレストリーナの最古の居住中心地へと通じています。ここの地区が「亡命者地区」と呼ばれているのは、ここの住民が枢機卿ヴィッテレスキによる国土の全壊(1437年）の後で、家並の再建を始めたからなのです。家並はまるで相互に支え合っているみたいにお互いに背中合わせに建てられたため、細い道や小さな隙間がやっと保てるだけの僅かな狭い空間しか残りませんでした。そこには彼らの教会、トルッロの聖母マリア教会の残骸も残存しています。この名称の由来は小さな聖堂の円形構造と、天蓋の型によります。

　視線を裂け目に向けますと、極美の光景が見られます。そこではさらに、家内でつくり立てのパンの芳香も漂いますし、季節によっては、天日に曝した栗や、乾燥用テーブルの上におかれたトマトピューレや、空中で乾燥するイチジクの芳香も漂ってきます。

　戸外で座っている老人たちは、今なお真の方言を話す最後の人びとです。

──お告げの聖母マリア教会（C2)

　建築家フリオ・ファゾーロの設計で、1949〜50年にかけて本教会は瓦礫から再建され、1950年9月24日に枢機卿ベネデット・アロイシ・マセッラにより献堂式が行われました。元の教会は17世紀に遡り、1719年に手直しされ、1730年には両脇に礼拝堂が付加されました。内

部にはこれと言って注目すべきものは何もありません。この教会はむき出しで殺風景です。

　教会を出ますと、降り道路が通じており、それから左に曲がって下さい。右手の最初の大階段はフランシスコ会修道院の広場へ行くために降りるためのものです。

聖フランシスコ会の教会と修道院（B2）

　この教会は昔は聖ビアジョに献じられたものでしたが、15世紀には異端派の小さい兄弟たち(フラティチェッリ)の占有となりました。法マルティヌス5世が司教アンジェロ・ソンマリーヴァ（1412〜1428）に対して、そこを小さい兄弟たちに引き渡すことを認可しました。そしてそのとき以来、そこ

聖フランシスコ会修道院

イタリアの古都 パレストリーナ

には聖フランシスコ教会と呼ばれたのです。はなはだ重要なのは 15 世紀の主祭壇の上にある三副対祭壇画（トリプティク）です。上に描かれているのは天使たちに囲まれた永遠の父です。中央には御子を抱く聖母が描かれており、右側にはこの町の守護者の殉教者アガピトが、左側にはフランチェスコが描かれています。下の中央部分にはパレストリーナ街の素晴らしい背景画が描かれています。イエス・キリストの受難や使徒ペテロおよびパウロやシエナの聖ペルナルディーノやトゥールーズの聖ルドヴィコと一緒の場面がこのトリプティクを補完しています。パレストリーナ史家で司教のレオナルド・チェッコーニ（1774 年後）は、碑銘も記しているように、ここに葬られています。

　この教会の左側にある表門から、または聖具室からでも、修道院回廊へ接近できます。

　この回廊は長方形をしており、上階を支える 18 本の円柱から成っています。アーケードの明かり取りはよく保存された絵で装飾されており、これらは聖フランチェスコの生涯の挿話を想起させてくれます。

　中央にあるのは古典的な水槽です。入口の左手にある碑板は、ウルバヌス 8 世が 1632 年に訪問したことを記念したものです。

　聖カルロ・ダ・セッツェはこの修道院に 1638 年から 1640 年まで滞在しました。

　修道院食道では、最後の晩餐を描いたフレスコ画を鑑賞できます。これは専門家によりますと、16 世紀初頭に遡るものだそうです。このフレスコ画は 1675 年に修道士アントニオ・ディ・パドヴァの描いた、や

はり最後の晩餐を表わす画布で覆われました。ところが1969年5月22日に、この画布は盗まれまして、この偶然な事情で昔のフレスコ画は再び脚光を浴びることができたのでした。

ローマ通り（A5 － B5）

　修道院回廊を訪れた後では、まず聖フランシスコ小路を辿り、次に聖ヴィアジョ通りを、そして最後に神殿通りを辿ることです。G・ピタネッリ広場に大急ぎで到達してから、すぐさま右手にローマ通りへと曲ます。右手の建物は本部の町舎です。他方、短い道のほぼどん詰まりの左

聖マルティーノ門と"赤ん坊"の泉

イタリアの古都 パレストリーナ

手から小さな広場を横切ると、司教の住む司教館への入口や、少し先には聖エジディオ教会の入口があります。

――聖エジディオ教会（A5）
　この教会は信仰用に開放されてはいません。農民協会「ババッティエーリ領事職」により1610年に創出され、1634年に終止符を打ちました。その後何度か手直しされ、まずは聖ゴルディアーノに、その後カタヴァ

ジョヴァンニ・ピエルルイージの家

ッソの聖母や聖エジディオに献じられました。

──赤ん坊の泉（A5）

教会の前にある小広場の中に、コロンナ家の紋章を担っている"赤ん坊"（pupazzo）（何回も盗まれました）の名を持つ泉があります。元はこの泉はレジーナ・マルゲリータ広場にありました。ここに移されたのは1909年7月26日のことです。

──聖マルティーノ門（A5）

中世に由来しますが、最近修復されました。この門は過去には重要なものでした。なにしろごく近くにはなはだ有名な市場が開設されていたからです。これは1630年にウルバヌス8世により許可された権限に基づき、10日間続く同聖者の祝日に即応して開設された、年中の市場でした。

ピエルルイージ通り（B5 － C5）

ローマ通りを再び登り直し、ピエルルイージ大通りを抜けると、解放広場に到達します。左手の、君主映画館の傍には、短い大階段が上に通じており（レオナルド・チェッコーニ通り）、それから右に回ると、前にあるのがジョヴァンニ・ピエルルイージの家なのです。

イタリアの古都 パレストリーナ

——ジョヴァンニ・ピエルルイージの家（C5）

　1979年までは個人の所有でしたが、この年に最終決着を見て、元の状態になりました。正面は二つの続き階段でつながっており、これらは凝灰岩の柱、テラス、バルコニーをモチーフして、楽しくて貴重な建築的構成を成しています。15世紀に遡り、三階建てになっています。内部には水槽を備えた小さな中庭があります。パレストリーナのピエルルイージは1525年に生まれ、多声音楽を最頂点にまで高めました。このため、ローマの主要大聖堂（ラテラーノの聖ジョヴァンニ、サンタ・マリーア・マッジョーレ、ジューリア礼拝堂）から指揮者および称賛された作曲家として奪い合いされました。

　彼の全作曲中、傑出しているのは、無論、1564年に書かれた『法王マルケルスへのミサ曲』です。

鞍（アルチョーニ）通りの神殿前門

領主公園（C6）

　L・チェッコーニ通りを降りながら、解放広場を横切り、公園に入りますと、ここは夥しい樹木が繋っております（その何本かは何百年を経ています）。この公園はここに邸宅を所有していた領主バルベリーニ家のものでした。

　庭園からは、ローマ街道（"太陽"道路と呼ばれています）が下へと延びております。昔はその上にフォルトゥーナ女神の至聖所との関連で、おそらく聖具商の店があったらしいです。ここから、大階段により鞍(アルチョーニ)通りに降りられます。

鞍(アルチョーニ)通り（B7 － C7 － D7 － F7）

　この通りは（立像を収蔵していたに違いない）ニッチから成る、2世紀の強力な城壁の横を走っています。

　この城壁は水を貯えたり、古都の低い部分に給水したりするために建設された貯水槽を包蔵していました。

──神殿前門（D7）

　これは神殿の壮大な全体への入口でした。県の出資で行われ、1980年に終了した発掘のおかげで、この神殿前門は調和した形でそっくり目にすることができます。コンクリートに乱れた石の上張りを施してあり、

イタリアの古都 パレストリーナ

鞍(アルチョーニ)通りの下にある考古学ゾーン

戦没者慰霊碑

聖母アクイラのマリア教会
(洗礼者聖ヨハネと聖バルトロマイに囲まれた聖母)

中央入口の横に二つの本体が突き出ています。立像の土台が見受けられますし、全体が噴水で飾られていました。

アオスタ公街道（G7 − H7 − I6）と 勝利街道（G6 − H6）

　これらの街道や庭園の整備計画を託されたのは、イタリア・アカデミー会員の建築家チェーザレ・バッツァーニでした。彫刻家フランチェスコ・パリージ作「戦没者慰霊碑」は、勝利の女神を守ろうとする一兵士を表わしています。正面のこんもりと繁った森の間から、堂々たるエロイーザ荘が見えます。この区域に、158年執政官だった、司祭ティネイウス・クレメンスの別荘があったことを、考古学者アレッサンドロ・ズバルデッラが突き止めました。

ペッピーノ・トマッシ

近隣地帯の観光ルート

近隣地帯の観光ルート

聖母マリア・デル・アクイラ教会――洗礼者聖ヨハネ教会――皇帝別荘――バルベリーニ家屋敷――バッソの聖ペテロ教会――スペダラートのニンフェウム橋――殉教者聖アガピトの墓

聖母マリア・デル・アクイラ教会（B10）

1519年にサウリーノ・サルヴァティコにより建立され、1520年10月14日に除幕式が行われました。ローマの城壁の残骸の上に建てられており、第二次大戦で損害を蒙り、1957年に土木作業により修復されました。

注目に価いするのは16世紀の二点のフレスコ画――洗礼者聖ヨハネ

聖母マリア・デル・アクイラ教会

と聖バルトロマイに囲まれて御子に授乳中の聖母と、生涯を想起させる光景で縁取られた聖女カテリーナ——です。

祭壇上の絵は1958年のシエーナの画家ブルーノ・マルツィによる作品です(元のものがひどく傷んだため、取り替えられました)。

洗礼者聖ヨハネ教会

大聖堂サクラメント信者会により幾度も修復されてきたこの小教会は、現存のフレスコ画から解釈して、13ないし14世紀に遡るものに違いなさそうです。このフレスコ画にしても幾度か修復されたものですが、価値のあるものです。内陣(アプシス)では、右側に聖母、左側に洗礼者聖ヨハネと一緒のイエス・キリストを拝めます。下のほうでは、聖母マリア、聖女

洗礼者聖ヨハネ教会

近隣地帯の観光ルート

アンナ、聖ヨハネ、聖ペテロが拝見できます。教会内の雲母大理石の二本の円柱は、フォロ・ロマーノの建造物に由来しています。

　全面修復作業のため、1979〜80年に文化財保護局が力添えし、この小教会の下には地下祭室（クリュプタ）のあることを発見しました。

プラエネステ通り

　洗礼者聖ヨハネの小教会を出ますと、ペデモンターナ通りにぶつかります。この通りはローマに向かう人にとって右手に、昔のプラエネステ

プラエネステ通りの敷石

チェチーリアの泉
（パレストリーナ浴場）

執政官街道が通っておりまして、ガビイを通過して、ローマとプラエネステとを結びつけていました。

　完全に無修復なままのローマの石畳は、黒い玄武岩の多角形の敷石(しきいし)から成っておりまして、これはひどく滑らかなため、すべすべしているように見えますし、あい変わらず完璧な凝集力の状態でしっかり結びついています。

　昔の舗石が色いろの姿で、ローマに至るまで、現在のプラエネステ通りの横に浮かび出てきます。

チェチーリアの泉

　プラエネステ通り伝いに数キロメートルほどローマに向かい、いわゆる"小塔"の廃墟の高さに達してから、右側を降り短い道に沿って行きますと、チェチーリアの泉に到着します。

　この泉はチェチーリア一門の固有名を有しており、まさしくこの場所に別荘付きの地所を所有しておりました。凝灰岩の丘に掘った長い地下道があり、そこからは古代からその治療効果で知られた貴重な、鉱物含有量の少ない水がしたたって集められているのです。

　最近になってその外部構造が整えられまして、この泉は重要なゆったりした温泉総体を形成しています。数百年を経た栗の森に覆われ、訪問者たちを受け入れるように整備され、医療補助の仕組みも備えています。温泉治療のみならず、息抜きやリラックスするためにも理想的な場所と

なっています。

皇帝別荘

　プラエネステの地域には、沢山のローマの別荘の廃墟が散在していますが、ある種の威厳と広がりを今なお留めている唯一のもの、それは無論、墓地の横に建つハドリアヌスの別荘です。別荘の構造の多くは、この墓地を造成するために破壊されてしまいましたが。

　この皇帝の治世（1〜2世紀）に建設されたものは、長方形の図面に基づき、いくつかの小さな室に分かれており、格子柄の壁をしておりました。そこに住んだのは、アウグストゥス、ティベクウス、マルクス・アウレリウスといった有名な皇帝たちでした。1793年にスコットラン

皇帝別荘

ド人考古学者ハミルトンがアンティノウス（110頃〜130）像をそこで発見しましたが、これは法王ピウス6世のブラスキ宮殿のために売却されました。グレゴリウス16世がこれをラテラーノ博物館に移しましたが、ピウス9世はこれをヴァチカン博物館のサラ・ロトンダに設置させました（現在もそのままです）。この立像には外衣(マント)がありませんでした（ひだを付けられた姿になったのは、現代のことです）。このことからして、原物は金属製だったと考えられます。

バルベリーニ家の邸宅

近隣地帯の観光ルート

バルベリーニ家の邸宅（細部）

バルベリーニ家の邸宅

　サン・ロッコの分かれ道からザガローロの方向に歩いて行きますと、約2キロメートルの後、「聖アガピトの円錐形」と呼ばれている小礼拝堂があります。左手の道路オルマータに進入しながら、数メートル行くと、「バルベリーニ家の邸宅」の近くに到着します。もっとも有名なのは"三角形"の家です。こう呼ばれているわけは、その特異な形のせいです。実際、三角形の土台の上に三つの同一の外観を呈しているのです。
　これが建設されたのは17世紀中葉のことで、建築家ジャン・バッティスタ・コンティニの指導によってです。彼はベルニーニの作品から教訓を抽き出し、彼よりももっと簡素な様式やより擬古典的な外観を継承したのでした。
　建物は四階から成っており、これらには壁面のらせん階段を登って接

近します。三角形や六角形の部屋には、マジョルカ焼やモザイク式の焼いた舗床が施されています。壁にはプラエネステの風景のフレスコ画が描かれています。どの部屋にも、バルベリーニ家の歴代領主たちの紋章のミツバチが表わされています。

バッソの聖ペテロ教会

バッソの聖ペテロ（元はマッサの聖ペテロと呼ばれていました）の古い教会が、「黄金の丘」に通じる街道に面しています。すっかり見棄てられたままの廃墟には、植物は生い繁っています。ロマネスク様式の若干の窓からして、12世紀に遡ることができると思われます。

スペダラートのニンフェウム橋

スペダラート橋のニンフェウム

パレストリーナとカーヴェを結びつけているプラエネステ古道を辿って行きますと、左手に見えてくるのは、8角形の混交作品の残骸です。これらはマルッキが想定したように、私邸のニンフェウムの遺跡であり、以前に考えられてきたような神殿の遺跡ではありません。

殉教者アガピトの墓

さらにその先へ進みますと、分かれ道に到達します。そこにはコーリの礼拝堂が立っています。ヴァルモントーネ方面へ右側の道を辿りますと、5百メートルほどで一つの小礼拝堂に行きつきます。これは聖アガピトの遺骸を大聖堂に移してから千年祭（1898年）の機会に建立されました。ここが墓のゾーンである目印ともなっています。この小礼拝堂の傍の大通りは大聖堂(バジリカ)（4世紀末に建立され、殉教者の聖人に献じられたもの）の残骸へと通じています。これらの残骸は発掘キャンペーン中の1864年に発見されました。今日でも見られような整理作業が始まったのは、1929年10月のことでした。

ペッピーノ・トマッシ

祝祭日とフォークロア

祝祭日とフォークロア

一月

修道士聖アントニオ祭（17日）

宗教的・フォークロア的な祭日。馬、牛、農具の伝統的な行列が練り歩きます。馬車引き組合の昔の旗が先頭に掲げられます。

二月〜三月

カーニヴァル

暗示的な馬車や仮面の行列が町内を練り歩きます。夜通しの舞踏会(ダンス・パーティ)が催されます。

三月

聖ヨゼフ祭（19日）

聖者を祝って、パレストリーナの全地区でほぼ同時に、厖大なかがり火（松明）が夕方に燃やされます。

聖金曜日

旧約および新約聖書を偲ぶ重要なイヴェントです。盛装した人びとと、効果音を鳴らす暗示的な馬車による見とれるような行列が行われます。

六月

聖体節

　地方街道が花で飾られたじゅうたんで覆われ、その上を聖体の列がねり歩きます。

七月

パドヴァの聖アントニオ祭（12日）

　"独身女性たち"の夜間行進です。七月第一日曜日がパドヴァの聖アントニオの日です。"クワドレッレ"地区の祭日です。

恩寵の聖母祭（最終日曜日）

　1558年に聖母が「貧しく潔癖な一少女」の前に出現したことを記念するための宗教的な市民の祝日です。

7月16日の次の日曜日。「ノヤリの」祭日

　カルメルスの聖母を祝っての宗教的行進、民衆ゲーム、トンボラ。"ポルゴ"地区では絵による即興が行われます。

祝祭日とフォークロア

八月

殉教者アガピト祭（17〜18〜19日）

町の守護聖人のお祭りです。諸種の見せ物、宗教儀式、競技でショーが繰り広げられます。この競技は地区対抗で行われるもので、「シファの馬上槍試合」と呼ばれていまして、16世紀より習慣化して催されてきております。

ボルゴ通り（聖体を花で飾り立てている）

九月

聖女ロザリア祭(第一日曜日)

町の守護聖女のお祭りです。"追放者"の風情ある地区で繰り広げられます。

サン・ロッコ祭(第二または第三日曜日)

サン・ロッコ地区のお祭りです。

ヘーゼルナッツの祭り

パレストリーナの分離集落カルキッテイでヘーゼルナッツの収穫を祝うポピュラーなお祭りです。

十月

聖フランシスコ祭(4日)

フランシスコ会神父修道院で祝われる宗教儀式です。

ロザリオの聖母祭(7日)

聖母を称えて信者会により、大聖堂で行進が行われます。

祝祭日とフォークロア

十二月

聖女ルチア祭（13日）

聖女ルチア教会の付近で、乾燥した冬の果実の小市場が開かれます。

東方から見たパレストリーナ

アンジェロ・ピンチ&ペッピーノ・トマッシ

便 利 情 報

便利情報

郵便番号：00036　電話の地域番号：06

有用情報

公衆電話局　Bar Prioneschi, viale Pio XII, 100	9537741
ロードサービス（事故車けん引業務）G. Testani, via Quadrelle Km. 3	
	9538269
救急市民病院"C・ベルナルディーニ"　viale Pio XII	9538992
イタリア赤十字社救急病院　viale D. Alighienri, 7	9538188
消防局　viale Pio XII	9538189
警察署　viale Pio XII, 33	9537297－8360
都市警察　Corso Pierluigi, 37	9538250
郵便局　Piazza Garibaldi	9538997
町役場　via del Tempio	9538105
薬局　Dr. Troilo, via Anicia, 8	9536261
薬局　Dr. Pasquale, viale Pio XII, 62	9538209
地方衛生同盟（U. S. L.）RM 28, Piazza Porta S. Martino, 38	
行政省	9535526
司教区庁　Piazza G. Pantanelli	9538116
ファントニアーナ公立図書館　Piazza del Carmine	9536753
プラエネステ国立考古博物館　Piazza della Cortina（月曜休館）	
	9538100

イタリアの古都 パレストリーナ

パレストリーナ・TV ラジオ局　via S. Maria, 38	9537203
国立労働銀行　viale Pio XII	9574012
サント・スピリト銀行　Corso Pierluigi 48	9536420
ローマ貯蓄銀行　viale Pio XII, 60	9537245
パレストリーナ農業手工業金庫　Corso Pierluigi, 73	9535282

ホテルとレストラン

アルベルゴ・ステッラ　P.le della Liberazione, 3　　　9538172 – 8637
バル – レストラン　　　　　　　　　　　　　　　　　Fax 9573360

　バスルーム、電話、インターフォン付きダブルベッドの部屋は n. 21、バスルーム付き 3 ベッドの部屋は n. 4 へ。

レジデンシャル・ホテル

ラ・ペスカラ　viale Giovanni XXIII, 21　　　　　　9538857
ホテル – バル – レストラン

　バス・ルーム付きダブルベッドの部屋は n. 12 へ。

レストラン

	休業日	
パフィッキオ　via Prenestina Nuova, 215	木	9538948
カルデッローネ　via Pedemontana, 66	火	9536211

ファリーナ　Piazza Garibaldi, 16　　　　　　　水　　9538916
イル・ピスカレッロ　via del Piscarello, 2　　　月　　9537751
ラ・ジョコンダ　via Quadrelle, 76　　　　　　木　　9538917
ラ・ムラッチョラ　via Casale S. Antonio　　　　火　　9538924
レ・テンプル　via Prenestina Nuova, 88　　　　月　　9535567
モントーニ　via Quadrelle　　　　　　　　　　月　　9538936
メッツァ・セルヴァ　via Casilina Km. 37,700（Valvarino）　9586546
ラ・ヴィッレッタ　via Pedemontana Km. 2,500　　　9530144
デイリイ・クイーン、ファスト・フード　viale Pio XII　　9574278
ジャンニ・エ・マリーナ、ピッザ、スナックバー
　Piazza S. Maria degli Angeli, 9　　　　　　　　　9534331

　プラエネステ料理の特徴は素朴さと混ざり気のなさにあります。古いレシピの幾つかは、農民の生活様式から伝えられたものでして、今日の普段の料理でも再現されております。

　——卵をミート・ソースとチーズであえたフェットチーネ（平打ちパスタ）。ニョッキ"コーデ・エ・ソレカ"。平べったく延ばしたポレンタ。インゲンマメまたはヒヨコマメ入りのスープ（ミネストラ）。あつあつの子羊肉料理。サニャッチェ。ブロッコリ"トゥファーティ"。豚の皮で包んだインゲンマメ。

　——ローカルなケーキ：ジリエット。ワイン入りチャンベッラ菓子。パンペパート。泡立てピザ。ふくらせピザ。アマレット。フェッティッチョラ。復活祭期間中の"松カサ(ピーニャ)"と"馬(カヴァッロ)"。

イタリアの古都 パレストリーナ

文化協会、レクレーション、スポーツ・クラブ

チメント・プラエネステ・アカデミー　Piazza Pantanelli, 12　9538935
"要塞"芸術センター　Via dei Cappellari, 11　9537898
"R・シメオーニ"プラエネステ・文化サークル
　　Palazzo Barberini, Piazza della Cortina
音楽家サークル　Piazza Porta S. Martino, 9
プラエネステ・カーニヴァル委員会　Via XI Martiri
聖金曜日委員会　presso Parrochia SS. ma Annunziata
聖アガピトのパーリオ常設委員会　Via T. Mann, 1（文化事務局）
　　　　　　　　　　　　　　　　　　　　　　　　9534222
"パレストリーナ町"多声合唱団　Via degli Arcioni, 1
プラエネステ芸術家クラブ　Piazza A. Pinci, 31
パレストリーナのジョヴァンニ・ピエルルイージ財団
　　―パレストリーナ研究センター　Vicolo del Giardino, 15
　　　　　　　　　　　　　　　　　　　　　　　　9538083
ラツィオ・クラブ　Pizza G. Pantanelli
ライオンズ・クラブ "アゲル・プラエネスティヌス"
　　Pizzale della Liberazione, 3　9538172
イタリア山岳クラブ（CAI）、パレストリーナ支部　Corso Pierluigi, 37
パレストリーナ国際協会　Piazza Regina Margherita, 6　9534345
地方観光協会　Piazza S, Maria degli Angeli　9573176

便利情報

観光事務所
エイナウディ書店　Corso Pierluigi, 18　　　　　　　　　9573065
プリンチペ映画劇場　Corso Pierluigi, 86　　　　　　　　9536421
パレストリーナ・サッカー・スポーツ協会
　　　Campo Sportivo Comunale. Via Pedemontana
バスケット協会　Palazzetto dello Sport, Via Ceciliana
テニス　Campi Comunali, Via Pedemontana
フォンテ・チェチリアーナ　Via Pedemontana　　　　　　9537901

ショッピング

銅製の器および芸術品

モスカ・ブルーノ　Via Pedemontana, 33　　　　　　　　9537217
チャンフリーリア・マルコ　Via Pedemontana, 6,800km.　9538177
C. A. L. T. N　Via Pedemontana, 6,300km.　　　　　　　9537308
デ・パオリス・ベニト　Piazza della Cortina, 15　　　　　9538291
　　パレストリーナの刺繍は Piazza della Cortina のバルベリーニ宮殿
　　二階にあります。

イグサや籐の容器

ルイージ・カルピネータ　Via Roma

イタリアの古都 パレストリーナ

手描きセラミックス

パオラ・ディ・ウィーコ　Via Mantova, 6　　　　　　　9537638

ローカルな伝統菓子

セルジオ・サルモーネ　Piazza Pantanelli, 9　　　　　9537656
コンローリ・エレーナ　Viale Pio XII, 57　　　　　　9537316
イラルディ・イオランダ　Viale Pio XII, 106　　　　　9537200
サッピオーニ・オスカル　Via Eliano, 93　　　　　　　9538197
サロモーネ・アントニオ　Via Verdi, 31　　　　　　　9538077

プラエネステ特産の手工芸品

訳者あとがき

　パレストリーナと言えば、対位法技巧を完成させた作曲家ジョヴァンニ・ピエルルイージ（1528〜94）の故郷として有名だが、訳者は今から約20年以上も前に、同町出身のルイージ・チチェルキア氏と識り合ったのが最初の出会いである。

　伝説上の名祖はラティーヌスの息子プラエネストゥス。伝承では、オデュッセウスの子テレゴノス、またはウルカヌスの息子カエクルスにより創建されたという。前7、8世紀にはエトルリア文化の影響を受けていたらしい。エジプトのナイル川のモザイクがあることでも分かるとおり、その古い由緒を誇りにしてきた。日本の出雲大社にも比せられるところから、出雲市との姉妹都市提携も画策されたらしく、チチェルキア氏はその仲介の労をとったらしいが、あいにく実現しないままで終わっている。

　同氏から、当時より翻訳・紹介を依頼されたのが本書原書（1991）だった。簡便なガイドブックながら、イタリア書の常である独特の難解さもあり、ついに今日まで延び延びになってしまったことは誠に忸怩たるものがある。

　考古学者たちの苦労が身に染みて感じられた。たとえば、"opus incertum"（乱石積み）（『薔薇の名前』訳者風情なら、「不確かな仕事」とでも訳されるところであろう）。これが小学館『ロベール仏和大辞典』

には登載されていることは感心した次第である。しかし、いまだに不確かな個所も残っているので、大方から指摘をうけられれば幸甚である。（滅多にそういうことは経験しないけれども。）

　今回も文化書房博文社にご協力頂き、美本に仕上げることができたことは幸いである。本書が奥深いイタリア探訪（とりわけトーマス・マン研究）の一助になれば、と願っている。もちろん、本書はパレストリーナについての本邦初紹介である。（新版でも内容は全く変更がない。ドイツ語版は未入手のままである。）

　　2018年5月5日

　　　　　　　　　　　　　　　　　　　　　　　　　　谷口　伊兵衛

（付記）
　チチェルキア氏の親友G・ピアッザ氏（四日市市在住）からも格別の助言を頂いた（「日本語版序文」は同氏の代筆である）。深謝申し上げる。本書を両氏に捧げたい。

訳者紹介
谷口 伊兵衛（たにぐち いへえ）（本名：谷口 勇）
1936 年福井県生まれ。1963 年東京大学修士（西洋古典学）。1970 年京都大学大学院博士課程（伊語伊文学専攻）単位取得退学。1992-2006 年立正大学文学部教授。2006-2011 年同非常勤講師を経て、現在翻訳家。

著　書：『クローチェ美学から比較記号論まで』、『中世ペルシャ説話集——センデバル』（いずれも而立書房）、『追悼　ウンベルト・エコ』（共著、文化書房博文社）ほか。

翻訳書：J・クリステヴァ『テクストとしての小説』、U・エコ『記号論と言語哲学』（いずれも国文社）、W・カイザー『文芸学入門』、E・アウエルバッハ『ロマンス語学・文学散歩』（いずれも而立書房）、ほか。新刊書に、G・タボガ『撲殺されたモーツァルト』（共訳、而立書房）、C・マルモ『「バラの名前」原典批判』（文化書房博文社）、L・デ・クレシェンツォ『森羅万象が流転する（パンタ・レイ）』（共訳、近代文藝社）、I・モンタネッリ『物語ギリシャ人の歴史』（文化書房博文社）、V・ドヴレー編『ペトラルカとラウラ』（文化書房博文社）、V・アルフィエーリ『アントニウスとクレオパトラ〔悲劇〕』（共訳、文化書房博文社）ほか。

イタリアの古都 パレストリーナ ―トーマス・マンの原風景―

2018年11月10日　初版発行

　　　　　　　　　編　者　Ｐ・Ｇ・トマッシュ他
　　　　　　　　　訳　者　谷口伊兵衛ⓒ
　　　　　　　　　発行者　鈴木康一

〒112-0015　東京都文京区目白台1-9-9　　発行所㈱ 文化書房博文社
振替 00180-9-86955
電話 03(3947)2034
URL: http://user.net-web.ne.jp/bunka/　乱丁・落丁本はお取替えします。
印刷・製本　モリモト印刷㈱　　ISBN978-4-8301-1309-3　C3022

|JCOPY|＜(社) 出版者著作権管理機構　委託出版物＞
　本書の無断複写は著作権法上での例外を除き禁じられています。複写される場合は、そのつど事前に、(社) 出版者著作権管理機構 (電話 03-3513-6969、FAX 03-3513-6979、e-mail: info@jcopy.or.jp) の許諾を得てください。

　本書のコピー、スキャン、デジタル化等の無断複製は著作権法上での例外を除き禁じられています。本書を代行業者等の第三者に依頼してスキャンやデジタル化することは、たとえ個人や家庭内での利用であっても著作権法上認められておりません。